중국어 문법 완벽 레시피

시사중국어사

중국어 문법 완벽 레시피

초판인쇄	2020년 9월 20일
초판발행	2020년 10월 1일

저자	위수광
책임 편집	최미진, 가석빈, 高霞
펴낸이	엄태상
디자인	진지화
조판	이서영
콘텐츠 제작	김선웅, 전진우, 김담이
마케팅	이승욱, 전한나, 왕성석, 정지혜, 노원준, 조인선, 조성민
경영기획	마정인, 최성훈, 정다운, 김다미, 전태준, 오희연
물류	정종진, 윤덕현, 양희은, 신승진

펴낸곳	시사중국어사(시사북스)
주소	서울시 종로구 자하문로 300 시사빌딩
주문 및 교재 문의	1588-1582
팩스	0502-989-9592
홈페이지	http://www.sisabooks.com
이메일	book_chinese@sisadream.com
등록일자	1988년 2월 13일
등록번호	제1 - 657호

ISBN 979-11-5720-179-2 (13720)

들어가기

『중국어 문법 완벽 레시피』는 한국인 학습자가 외국어인 중국어를 쉽게 배워서 정확하고 유창하게 마음껏 표현할 수 있도록 하기 위한 목적으로 집필된 교재입니다.

많은 학습자들이 중국어를 완벽하게 구사하겠다는 원대한 목표를 가지고 중국어 문법을 접했다가 어려워서 중국어 학습 자체를 포기하는 경우를 많이 보았습니다. 그러나 중국어를 잘 구사하는 데 있어 문법이 도구적·보조적인 역할을 할 뿐일지라도 중국어 학습에 있어서는 필수불가결한 것이라고 할 수 있습니다. 단어만 많이 알면 회화나 HSK 급수 취득에 큰 문제가 없을 거라 생각하지만 탄탄한 문법 기초 없이는 중국어 학습 능력을 향상시킬 수 없는 것과 같지요. 이렇듯 문법은 학습자들의 큰 고민이자 반드시 넘어야 할 큰 산이라고 할 수 있습니다.

'어떻게 하면 중국어 문법을 쉽게 이해하고 효율적으로 활용하여 중국어를 정확하고 유창하게 표현할 수 있을까?'라는 이 문제는 제가 지난 20여 년간 고민해 왔고 지금까지도 고민하고 있는 큰 과제입니다. 이 과제의 해결 방안을 찾기 위해 지금도 중국어 문법 교육에 관한 연구를 끊임없이 하고 있습니다. 그 과정의 고민과 성과를 바로 이 『중국어 문법 완벽 레시피』에 엮었고, 중국어 학습자들과 함께 공유하고 싶습니다.

본 교재의 내용은 *Appetizer*(기본적인 중국어 문형) ▶ *Brunch*(초보적인 중국어 문형) ▶ *Main dish*(확장된 중국어 문형) ▶ *Traditional dish*(특징적인 중국어 문형) ▶ *Fusion dish*(응용된 중국어 문형)로 구성되어 있습니다. 과별 주제는 의사소통 상황에 따른 필수 문법항목을 담은 주요표현으로 구성됩니다. 교재에 제시된 중국어 문법 항목은 중국 国家汉办의 교육문법 요목인 『国际汉语教学通用大纲(语法)』과 『新HSK大纲(语法)』에 근거하였습니다.

중국어를 학습함에 있어 문법은 우리가 여행을 떠날 때 여행지까지 친절하게 안내해 주는 네비게이션이기도 하고, 음식을 만들 때 더욱 맛있게 조리할 수 있도록 차근차근 알려주는 레시피이기도 합니다. 마치 신선한 재료로 레시피에 따라 만든 맛있는 음식을 맛보듯이 『중국어 문법 완벽 레시피』는 중국어 재료(어휘)의 특징을 정확히 이해하여 맛깔스러운 중국어를 표현할 수 있도록 해줄 것입니다.

2020년 10월 저자 위수광

이 책의 특징

① 쉽고 체계적입니다!

▶ 중국어로 의사소통 시 가장 필요한 주제를 중심으로 제시하였습니다.

▶ 필수 중국어 문법항목을 쉬운 예문과 설명으로 제시하였습니다.

② 한국인 맞춤형 중국어 문법책입니다!

▶ 학습 목차는 한국인 학습자에게 적절한 중국어 문법항목으로 구성하여 단계적으로 학습할 수 있도록 하였습니다.

▶ 중국어와 한국어와의 차이로 인해 한국인 학습자가 자주 범하는 오류를 최소화할 수 있도록 '셰프의 Q&A'에서 쉽게 풀이하였습니다.

③ 중국어의 특징을 적극 반영하였습니다!

▶ '레시피' 코너는 술어중심 언어인 중국어의 특징을 적극 반영하여 동사술어, 형용사술어 등을 우선 배열하여, 중국어식 생각 구조로 이해할 수 있게 하였습니다.

▶ '셰프의 Tip' 코너에서는 중국어 문법항목의 특징적인 부분만을 예문을 통해 상세하게 설명하였습니다.

▶ 문법항목의 수준 및 난이도의 근거기준은 『国际汉语教学通用大纲(语法)』과 『新HSK大纲(语法)』을 참고하였으며, 각 등급을 명시하였습니다.

이 책의 구성

한국인 맞춤형 문법 교재로 기획된 『중국어 문법 완벽 레시피』는 중국어를 학습하려는 한국인 학습자가 중국어 문법을 좀 더 쉽고 빠르게! 가볍게 학습하면서도 정확하게 이해해 실제에 적용해 볼 수 있도록 단계별 장치를 교재 곳곳에 둔 체계적인 교재입니다. 책의 구성을 정확하게 파악하고 학습에 임하면 학습효과를 높일 수 있습니다.

1 메뉴
요리를 하려면 어떤 것을 만들지 메뉴를 먼저 정해야죠!

배우고자 하는 문법항목(표현 주제)을 소개하는 도입부분으로, 표현이 사용되는 대화 상황을 우리말과 비교하여 중국어 문법 항목의 의미 및 구조의 특징을 정확하게 알 수 있도록 소개합니다.

2 재료
이제 어떤 재료가 필요한지 알아보고 준비해요!

주제 문장을 구성하는 데 꼭 필요한 단어나 어구 등을 주재료, 부재료로 나눠 상세하게 소개합니다. 문장 만들기에 앞서 재료 파악과 동시에 문장구조까지 한 눈에 확인할 수 있습니다.

3 레시피
이제 요리 레시피 본격 대방출 타임!

차근차근 단계별로 문장을 만들어 볼 차례! 중국어 문장 구조에 익숙해질 수 있도록 마치 수학공식처럼 술어 먼저 놓고 앞뒤 하나씩 채워가는 재미가 쏠쏠합니다.

4 셰프의 Tip
더 맛있는 요리를 위해 셰프가 나선다!

문법항목의 주요 내용을 예문과 함께 친절하게 설명해 주는 동시에 주의사항까지 곁들여 중국어 실력을 업그레이드해 줍니다.

• 셰프의 Q&A
요리하면서 궁금했던 것에 대해 질문할 차례!

한국어 학습자들이 어려워하고 또 특히 자주 틀리는 부분에 대해 시원하게 설명하여 바로 해결할 수 있도록 합니다.

레시피 Workbook

배운 내용을 복습할 수 있도록 다양한 문제를 풀어 보면서 확실하게 실력을 잡아주는 마무리 단계입니다.

차례

Part 1   *Appetizer*   누구나 쉽게 표현할 수 있어요!   8

Part 2   *Brunch*   가볍게 표현해 보아요!   34

Part 1

Appetizer

누구나 쉽게 표현할 수 있어요!

1 날짜 · 시간 · 가격표현

명사술어문 新HSK 1급, 国际大纲 1급

① 메뉴

일상생활에서 가장 많이 쓰이는 표현이 바로 날짜, 시간, 가격, 나이 등의 다양한 수나 국적, 출신지, 날씨 등을 묻고 답하는 경우가 아닐까 해요. 우리말은 동사술어를 꼭 써야 문장이 완성되지만, 중국어는 이때만은 동사술어를 따로 쓰지 않고 말할 수 있어요. 예로 '내일은 토요일이에요.'라는 문장을 말할 때에는 동사술어를 사용하지 않고 바로 '明天星期六。'로 표현할 수 있어요. 다른 예로 '나는 스무 살이에요.'는 중국어로 '我20岁。', '지금은 오후 두 시예요.'는 '现在两点。'으로 동사술어 없이 표현할 수 있는데, 이때 '星期六', '20岁', '两点' 등을 술어가 되는 명사로 명사술어라 하고, 이런 형태의 문장을 명사술어문이라고 해요! 일상생활에서 자주 쓰는 기본적인 표현을 먼저 익혀서 중국어를 배우는 데 자신감부터 갖고 시작해 볼까요?

② 재료

	月	号(日)	星期(周)	点(时)	分	刻	差
날짜 · 시간	yuè	hào(rì)	xīngqī(zhōu)	diǎn(shí)	fēn	kè	chà
	월	일	주, 요일	시	분	15분	~전
	元	块	角	毛	分	几	多少
가격	yuán	kuài	jiǎo	máo	fēn	jǐ	duōshao
	위안 (글말)	콰이 (입말)	자오 (0.1위안/글말)	마오 (0.1위안/입말)	펀 (0.01위안)	몇	얼마나

— 날짜와 시간, 가격 관련 재료 —

③ 레시피

주어 + (是) + 명사술어。

레시피 I   나는 스무 살입니다. [나이]

①
二十岁
'스무 살(二十岁)'을 떠올려 보세요.

▶

②
我二十岁。
주어 '나(我)'를 '二十岁' 앞에 붙여 표현하면 완성!
※ 나이를 나타내는 표현에는 따로 동사를 쓰지 않아요!

레시피 II   오늘은 일요일입니다. [요일]

①
星期天
'일요일(星期天)'을 떠올려 보세요.

▶

②
今天星期天。
주어 '오늘(今天)'을 '星期天' 앞에 붙여 표현하면 완성!
※ 요일을 나타내는 표현에는 따로 동사를 쓰지 않아요!

레시피 III   오늘은 3월 11일입니다. [날짜]

①
3月11号
'3월 11일(3月11号)'을 떠올려 보세요.

▶

②
今天3月11号。
주어 '오늘(今天)'을 '3月11号' 앞에 붙여 표현하면 완성!
※ 날짜를 나타내는 표현에는 따로 동사를 쓰지 않아요!

레시피 IV 이 사전은 90위안입니다. [가격]

① 90块钱

'90위안(90块钱)'을 떠올려 보세요.

▶

② 词典90块钱

주어 '사전(词典)'을 '90块钱' 앞에 붙여 표현해 보세요.

▶

③ 这本词典90块钱。

'이 사전'을 표현하기 위해 '이것(这)'과 '사전(词典)' 사이에 단위명사(양사) '本'을 붙여 표현하면 완성!

※ 가격을 나타내는 표현에는 따로 동사를 쓰지 않아요!

레시피 V-1 그는 중국인이에요. [국적]

① 中国人

'중국인(中国人)'을 떠올려 보세요.

▶

② 他中国人。

주어 '그(他)'를 '中国人' 앞에 붙여 표현하면 완성!

※ 국적을 나타내는 표현에는 따로 동사를 쓰지 않아요!

레시피 V-2 그는 중국인이 아니에요. [부정문]

① 中国人

'중국인(中国人)'을 떠올려 보세요.

▶

② 他中国人

주어 '그(他)'를 '中国人' 앞에 붙여 표현해요.

▶

③ 他不是中国人。

부정 표현을 하기 위해 '부정부사(不) + 동사(是)'를 넣어 표현하면 완성!

※ 부정을 표현하는 부정부사(不)는 동사를 수식하기 때문에 동사 '是'를 써 주면 동사술어문이 돼요.

레시피 V-3 그는 중국인이에요? [의문문]

① 中国人

'중국인(中国人)'을 떠올려 보세요.

▶

② 他中国人

주어 '그(他)'를 '中国人' 앞에 붙여 표현해요.

▶

③ ① 他是中国人吗?
② 他是不是中国人?

① 의문조사 '吗'를 문장 끝에 써서 일반의문문을 만들어요.

※ 일반의문문에도 동사 '是'를 써 주면 동사술어문이 돼요.

② '是(긍정)'와 '不是(부정)'을 병렬하여 정반의문문을 만들어요.

※ 정반의문문은 술어를 '긍정 + 부정' 해야 하므로 동사 '是'를 써 주면 동사술어문이 돼요.

④ 셰프의 Tip

1. 명사술어문은 명사(구)를 술어로 사용하는 문장으로 '날짜 · 요일', '시간', '가격', '나이', '국적', '출신지' 등을 표현할 수 있어요.

날짜·요일	今天3月11号。 오늘은 3월 11일이에요. 明天星期一。 내일은 월요일이에요.
시간	现在两点半。 지금은 2시 반입니다.
가격	这本词典90块钱。 이 사전은 90위안이에요.
나이	今年二十岁。 올해 스무 살입니다.
국적	我中国人。 저는 중국인이에요.
출신지	我上海人。 저는 상하이 사람이에요.

2. 명사술어문을 부정문이나 의문문으로 표현할 때는 동사술어문이 돼요.

① 긍정문 ▶ 明天星期一。 내일은 월요일이에요.

② 부정문 ▶ 明天不是星期一。 내일은 월요일이 아니에요.

③ 일반의문문 ▶ 明天是星期一吗? 내일이 월요일이에요?

④ 정반의문문 ▶ 明天是不是星期一? 내일이 월요일이에요?

⑤ 의문대명사 의문문

- 날짜: 今天3月11号星期一。 ▶ Q 今天几月几号星期几? 오늘은 몇월 며칠 무슨 요일이에요?
- 시간: 现在两点半。 ▶ Q 现在几点? 지금 몇 시예요?
- 가격: 这本词典90块钱。 ▶ Q 这本词典多少钱? 이 사전은 얼마예요?
- 나이: 今年二十岁。 ▶ Q 今年多大? / 今年几岁? 올해 몇 살이에요?
- 국적: 我中国人。 ▶ Q 你(是)哪国人? 당신은 어느 나라 사람이에요?
- 출신지: 我上海人。 ▶ Q 你(是)哪儿的人? 당신은 어디 사람이에요?

셰프의 Q&A

Q1 **Chef!** 명사술어문 '明天星期一。'의 부정형 '明天不是星期一。'에서 동사의 부정형 '不是'를 사용했는데 부정형도 명사술어문이라고 할 수 있나요? 그럼 '明天星期一。'를 '明天是星期一。'로 표현해도 같은 것인지요?

A1 다음 설명을 잘 보세요!

부정부사 '不'는 동사 앞에 쓰이기 때문에 명시술이문의 부정형은 동사술어문이 되요! 또한 '明天是星期一。'는 '明天星期一。'와 의미는 동일하나 '明天是星期一。'는 동사술어문이고 '明天星期一。'는 명사술어문이라는 것, 확실히 알아 두세요. 명사술어문의 부정문은 동사술어문으로만 표현이 가능하답니다!

	명사술어문	동사술어문
긍정문	明天星期一。 내일은 월요일이에요. ※ 술어는 명사 '星期一'	明天是星期一。 내일은 월요일이에요. ※ 술어는 동사 '是'
	▶ 의미는 동일하고, 단지 '是'의 사용 여부로 구분됨	
부정문	없음	明天不是星期一。 내일은 월요일이 아니에요. ▶ 부정 표현은 동사술어문으로만 가능함

Q2 **Chef!** 앞서 **Q1**에서 부정부사 '不'를 명사 '星期一' 앞에 바로 쓰지 못해 '不'를 동사 '是' 앞에 두어 부정문을 만들었는데요. 그런데 시간명사 '今年'이나 부사 '已经…了' 등은 명사술어문에 함께 표현해도 되는 건가요?

A2 네! 같이 사용할 수 있어요!

예로 '他今年二十岁了。'의 '今年'은 시간명사라서 '他(주어)' 앞 뒤에 모두 위치할 수 있어요. 그리고 '今天已经二十八号了。'에서 '已经…了'는 '벌써 ~가 되었다'의 의미인데, 여기서 '已经'은 부사로 술어 앞에 위치해 표현할 수 있어요. 명사술어문에서 술어는 명사이므로 '二十八号' 앞에 위치할 수 있는 것이지요!

2 상황묘사 · 감정표현

형용사술어문 新HSK 1급, 国际大纲 1급

① 메뉴

중국을 여행해 보면 중국이 정말 '크고', '넓다'는 것을 새삼 깨닫게 되요. 그 넓은 중국을 한 번에 다니려면 엄청 '피곤하다'고 느낄 수 있을 거예요. 또 우리가 아름다운 꽃을 보고 '예쁘다'라고 느끼고 그런 꽃을 보면서 '기분이 좋다'라고 말하기도 하지요. 일상에서 우리는 자주 '예쁘다', '좋다', '크다'와 같이 상황을 묘사하기도 하고 '피곤하다', '기분이 좋다'와 같이 시시각각 느끼는 감정들을 표현하게 되요.

이제 중국어로 일상에서의 다양한 상황을 묘사하고, 감정을 표현하는 것에 대해 배워 보려고 해요. 중국어에서 '예쁘다'는 '漂亮', '좋다'는 '好', '크다'는 '大'와 같이 형용사로 표현할 수 있는데요, 형용사가 술어인 문장을 형용사술어문이라고 해요. 이 표현은 우리말과 어순이 동일하므로 쉽게 이해할 수 있을 거예요!

② 재료

🍲 주재료 ✿✦

상황묘사 및 감정표현의 재료: 형용사									
大	小	多	少	高	低	好	坏	漂亮	累
dà	xiǎo	duō	shǎo	gāo	dī	hǎo	huài	piàoliang	lèi
크다	작다	많다	적다	높다	낮다	좋다	나쁘다	예쁘다	피곤하다

인칭대명사, 지시(대명)사									
我	我们	你(您)	你们	他	他们	她	她们	这	那
wǒ	wǒmen	nǐ(nín)	nǐmen	tā	tāmen	tā	tāmen	zhè	nà
나, 저	우리들	너(당신)	너희들, 당신들	그	그들	그녀	그녀들	이것	저것

🥄 부재료 ✮✩

상황묘사 및 감정의 정도표현: 정도부사 '매우, 아주'					
很	太	非常	挺	十分	真
hěn	tài	fēicháng	tǐng	shífēn	zhēn

③ 레시피

주어 + 정도부사 + 형용사술어。

레시피 I-1   그녀는 매우 예뻐요. [긍정문]

①
漂亮

표현하고자 하는
형용사술어(漂亮)를
떠올려 보세요.

②
很漂亮

감정표현(漂亮)은 정도부사
'很(매우)'으로 더 깊이 있게
표현할 수 있어요.

※ 정도부사는 형용사술어 앞에 위치해요.

③
她很漂亮。

감정을 느끼는 주어
'그녀(她)'를 '很漂亮' 앞에
표현하면 완성!

레시피 I-2 그녀는 예쁘지 않아요. [부정문]

① 漂亮

표현하고자 하는 형용사술어(漂亮)를 떠올려 보세요.

▶

② 不漂亮

'예쁘지 않다'를 표현하기 위해 형용사술어(漂亮) 앞에 부정부사 '不'를 써서 부정을 표현할 수 있어요.

▶

③ 她不漂亮。

감정을 느끼는 주어 '그녀(她)'를 술어 '不漂亮' 앞에 표현하면 완성!

레시피 I-3 그녀는 예쁩니까? [의문문]

① 漂亮

표현하고자 하는 형용사술어(漂亮)를 떠올려 보세요.

▶

② 她漂亮

감정을 느끼는 주어 '그녀(她)'를 형용사술어(漂亮) 앞에 표현하세요.

▶

③
① 她漂亮吗?
② 她漂(亮)不漂亮?

① 의문조사 '吗'를 문장 끝에 써서 일반의문문을 만들어요.
② '漂亮(긍정)'과 '不漂亮(부정)'을 병렬하여 정반의문문을 만들어요.

레시피 II 중국은 아주 커요.

① 大

묘사하고자 하는 상황에 맞는 형용사술어(大)를 떠올려 보세요.

▶

② 非常大

상황묘사(大)의 강한 정도표현을 위해 술어 '大' 앞에 정도부사 '아주(非常)'를 써서 표현하세요.

▶

③ 中国非常大。

상황묘사의 대상 '중국(中国)'을 '非常大' 앞에 표현하면 완성!

부정문

中国不大。

상황묘사 술어(大) 앞에 '不'를 써서 '크지 않다'라는 부정의미를 표현해요.

※ '매우, 아주(很 , 非常)' 등 정도부사는 의문문에 쓸 수 없어요!
※ 부정은 전체부정이나 부분부정으로 표현 가능해요.

의문문

① 中国大吗?
② 中国大不大?

① 의문조사 '吗'를 문장 끝에 써서 일반의문문을 만들어요.
② '大(긍정)'와 '不大(부정)'를 병렬하여 정반의문문을 만들어요.

④ 셰프의 Tip

1. 감정표현 및 상황묘사는 형용사를 술어로 하는 문장으로 표현할 수 있어요. 이런 문장을 형용사술어문이라고 하는데, 술어 자리에 형용사를 배치하면 되고 어순은 우리말과 같아요.

2. 형용사술어문에는 '매우', '아주'라는 정도를 나타내는 정도부사를 써서 세고 약한 정도를 표현할 수 있어요 자주 쓰이는 정도부사에는 '很', '太', '非常', '挺', '十分' 등이 있는데 그 정도의 차이를 단계적으로 살펴보면 다음과 같아요.

> 很 < 太 < 非常 < 挺 < 十分 + 형용사

3. 형용사술어문의 의문문을 표현할 때는 문장 끝에 의문조사 '吗'를 붙여 표현할 수도 있고, 정반의문문으로 표현할 수도 있어요. 단, 정반의문문에는 의문조사 '吗'를 붙여서는 안 되요. 왜냐하면 '吗'와 함께 쓰면 의문을 나타내는 표현이 중복되기 때문이에요. 형용사술어문의 부정문은 형용사 앞에 부정부사 '不'를 붙이면 되요. 또한 형용사술어문에 꼭 써야 하는 정도부사는 의문문과 부정문에는 쓸 수 없다는 것도 알아 두세요! 부정문은 전체부정(太不好)이나 부분부정(不太好)으로 표현할 수 있어요

🍳 셰프의 Q&A

Q1 **Chef!** '她很漂亮。'과 '她漂亮。'은 의미가 다르다고 들었어요. 어떻게 다른가요?

A1 약간의 의미 차이가 있어요!

구체적으로 살펴보면, '她很漂亮。'은 주관적으로 예쁘다는 의미로, '매우'까지는 아니어도 예쁘다고 말할 때 쓰는 표현이죠. 그러나 '她漂亮。'은 다른 사람과 비교해서 '그녀는 예쁘고, 다른 누군가는 예쁘지 않다'는 비교의 의미가 숨겨져 있어요. 따라서 감정표현이나 상황묘사를 하고자 할 때는 '매우'의 의미가 아니더라도 형용사술어 앞에 반드시 정도부사(很, 太 등)를 넣어 말해야 해요.

3 진술 · 심리표현

동사술어문 新HSK 1급, 国际大纲 1급

1 메뉴

일상생활에서 '학교에 가다', '밥을 먹다', '책을 사다' 등 동작을 묘사하여 진술표현을 하는 경우가 참 많아요. 그 외에도 '차를 좋아하다', '공부하기 싫어하다', '친구를 그리워하다' 등 심리상태를 표현하는 경우도 있지요. 이런 진술표현이나 심리상태를 표현하려면 중국어에서는 '동사술어문'의 형태로 표현해야 해요. 동사술어문은 말 그대로 동사가 술어가 되는 문장을 말한답니다. 우선 일상에서 가장 많이 사용되는 표현부터 함께 알아보아요.

2 재료

동작동사							
说	看	去	来	读	学习	喝	买
shuō	kàn	qù	lái	dú	xuéxí	hē	mǎi
말하다	보다	가다	오다	읽다	공부하다	마시다	사다

심리동사						
想	喜欢	爱	羡慕	怕	讨厌	恨
xiǎng	xǐhuan	ài	xiànmù	pà	tǎoyàn	hèn
그리워하다	좋아하다	사랑하다	부러워하다	두렵다	미워하다	증오하다

③ 레시피

주어 + 동사술어 + 목적어 。

레시피 I-1 ▶ 나는 중국에 가요. [긍정문]

① 去

술어 '가다(去)'를 떠올려 보세요.

▶ **②** 我去

주어 '나(我)'를 술어 '去' 앞에 표현해 보세요.

▶ **③** 我去中国 。

술어 '去'의 장소 '중국(中国)'을 '去' 뒤 목적어 자리에 표현하면 완성!

레시피 I-2 ▶ 나는 중국에 가지 않아요. [부정문]

① 去

술어 '가다(去)'를 떠올려 보세요.

▶ **②** 不去

부정은 부정부사 '不'를 술어 '去' 앞에 넣어 표현해요.

▶ **③** 我不去中国 。

주어 '나(我)'를 술어 '去' 앞에, 술어 '去'의 장소 '중국(中国)'을 '去' 뒤 목적어 자리에 표현하면 완성!

레시피 I-3 ▶ 당신은 중국에 가나요? [의문문]

① 去

술어 '가다(去)'를 떠올려 보세요.

▶ **②** 你去中国

주어 '당신(你)'을 '去' 앞에, 장소목적어 '중국(中国)'을 '去' 뒤에 표현해 보세요.

▶ **③** ① 你去中国吗？
② 你去不去中国？

① 의문조사 '吗'를 문장 끝에 써서 일반의문문을 만들어요.
② 술어 '去(긍정)'와 '不去(부정)'를 병렬하여 정반의문문을 만들어요.

① 很喜欢	▶	② 我很喜欢	▶	③ 我很喜欢中国茶。
술어 '좋아하다(喜欢)'를 떠올려 보고, '매우'라는 뜻의 정도부사를 술어 앞에 표현해요. ※ 심리동사의 경우, 일반동사와 다르게 정도부사의 수식을 받을 수 있어요!		주어 '나(我)'를 술어 '很喜欢' 앞에 표현해 보세요.		술어 '很喜欢'의 대상목적어 '중국차(中国茶)'를 '很喜欢' 뒤에 표현하면 완성!

④ 셰프의 Tip

1. 동사술어문은 동사가 술어로 쓰인 문장이에요! 동사술어는 보통 앞에서는 부사어, 뒤에서는 보어의 수식을 받아 그 의미가 구체적으로 표현되요.

주어 + 부사어 + 동사술어 + 보어 + 목적어。

2. 기능에 따라 동사를 구분할 수 있어요! 기능에 따라 자동사, 타동사(이중목적어를 갖는 동사, 용언성목적어를 갖는 동사)로 구분되요.

자동사		活 huó / 病 bìng / 醒 xǐng / 躺 tǎng / 休息 xiūxi / 咳嗽 késou / 胜利 shènglì / 失败 shībài / 出发 chūfā / 前进 qiánjìn …
타동사	목적어를 한 개 갖는 동사	写 xiě / 看 kàn / 听 tīng / 吃 chī / 穿 chuān / 研究 yánjiū / 学习 xuéxí …
	목적어를 두 개 갖는 동사 (이중목적어 구문)	给 gěi / 教 jiāo / 问 wèn / 告诉 gàosu / 还 huán / 递 dì / 通知 tōngzhī / 借 jiè …
	용언성목적어를 갖는 동사	知道 zhīdào / 喜欢 xǐhuan / 觉得 juéde / 认为 rènwéi / 希望 xīwàng / 进行 jìnxíng / 开始 kāishǐ / 加以 jiāyǐ / 值得 zhídé / 继续 jìxù / 受 shòu …

＊용언성목적어는 목적어의 품사가 동사, 형용사 등인 목적어를 말해요.

3. 의미에 따라 동사를 구분할 수 있어요! 동사의 의미에 따라 판단동사, 관계동사, 동작동사, 심리동사, 능원동사, 사역동사, 존재동사, 변화동사, 방향동사 등으로 구분되요.

관계동사 (판단문)	是 shì / 有 yǒu / 叫 jiào / 姓 xìng / 属于 shǔyú / 像 xiàng / 成为 chéngwéi / 当作 dàngzuò / 等于 děngyú …
동작동사	跑 pǎo / 跳 tiào / 打 dǎ / 洗 xǐ / 学习 xuéxí / 放 fàng / 拿 ná / 读 dú / 买 mǎi / 散步 sànbù / 走 zǒu …
심리동사	想 xiǎng / 爱 ài / 喜欢 xǐhuan / 恨 hèn / 怕 pà / 羡慕 xiànmù / 讨厌 tǎoyàn …
조동사 (능원동사)	能 néng / 会 huì / 要 yào / 想 xiǎng / 可以 kěyǐ / 得 děi / 应该 yīnggāi …
사역동사 (겸어문)	叫 jiào / 让 ràng / 使 shǐ / 请 qǐng / 派 pài …
존재동사 (존재문, 존현문)	是 shì / 有 yǒu / 在 zài
변화동사	生 shēng / 死 sǐ / 生长 shēngzhǎng / 发展 fāzhǎn / 变化 biànhuà / 开始 kāishǐ …
방향동사	上 shàng / 下 xià / 进 jìn / 出 chū / 起 qǐ / 过 guò / 回 huí / 来 lái / 去 qù …

4. 동사는 다음의 특징이 있어요!

① 성별, 단수와 복수, 인칭, 시제에 따른 형태의 변화가 없다.

② 대부분의 동사는 목적어를 갖지만, 기능에 따라 결합관계가 다양하다.

③ 동사의 상태는 동태조사[완료(了), 경험(过), 지속(着)]로 표현한다.

④ 동사술어는 앞에서는 부사어, 뒤에서는 보어의 수식을 받아 의미를 구체적으로 표현한다.

⑤ 중첩하여 동사의 의미를 완곡하게 표현할 수 있다.

⑥ 심리동사의 경우 정도부사의 수식을 받을 수 있다.

셰프의 Q&A

Q1 **Chef!** '我很喜欢她。'에서 '喜欢'은 동사인데 형용사처럼 '很喜欢'으로 표현해도 되나요?

A1 네, 가능해요!

일반적으로 동사는 정도부사의 수식을 받지 못하는데 심리동사는 정도부사의 수식을 받을 수 있어요. '我很喜欢她。'에서 '喜欢'은 심리동사예요. 즉 '喜欢'이 심리동사이기에 정도부사의 수식을 받을 수 있는 것이지요. 이 같은 심리동사에는 '想', '爱', '喜欢', '恨', '怕', '羡慕', '讨厌' 등이 있는데, 이들도 '很'과 같은 정도부사의 수식을 받으면서 대상을 가질 수 있어요.

Q2 **Chef!** '我去中国。'의 부정형은 '我不去中国。'라고 알고 있는데 '我没去中国。'라고 말해도 되나요?

A2 네! 모두 '我去中国。'의 부정형인데, 의미에 차이가 있어요.

부정부사 '不'와 '没'의 의미를 먼저 살펴보면 일반적으로 '不'는 현재와 미래에 대한 부정 혹은 시제와 관계없이 본인의 강한 의지로 부정하는 경우에 쓰여요. 반면, '没'는 과거에 대한 부정을 나타내요. 따라서 둘 다 동사술어문의 부정형에 쓸 수 있어요. 예외로 소유를 나타내는 동사 '有'를 부정할 때에는 '不'는 쓸 수 없고, 무조건 '没'로 부정해야 하는 것도 꼭 알아 두세요! 소유표현은 바로 다음 파트에서 학습해 보세요.

즉 '我不去中国。'는 '나는 중국에 안 가요.[현재/미래의 부정]'이지만, '我没去中国。'는 '저는 중국에 안 갔어요.[과거의 부정]'의 의미로 차이가 있답니다.

4 판단 · 소유표현

동사술어문 新HSK 1급, 国际大纲 1급

1 메뉴

우리는 일상 중에서 어떤 사실을 판단하거나 누군가의 소유에 대해 자주 표현하게 돼요. 어떤 사실을 전달하거나 판단할 때 우리말에서는 '~이다' 혹은 '~입니다'라고 많이 이야기하죠? 영어에서는 주로 be동사로 판단을 표현하는데, 이 영어의 be동사와 같은 중국어 표현이 바로 'A 是 B(A는 B입니다)'예요. 즉 'A 是 B'를 써서 A와 B가 같음을 판단하게 되는 거죠. '저는 학생이에요.(我是学生。)', '저는 한국인입니다.(我是韩国人。)' 등으로 자신의 신분, 국적 등을 판단하고 표현을 할 수 있어요.

그 밖에 어떤 사물에 대한 소유를 나타내거나 가족, 사회에서의 인간관계에 대해서도 자주 이야기하는데, 이를 중국어로는 'A 有 B(A는 B를 가지고 있다)'로 표현해요. 예로 '저는 오빠가 두 명이 있어요.(我有两个哥哥。)'라는 문장으로 가족관계를 표현할 수 있답니다.

일상에서 많이 사용하는 동사술어 '是', '有'로 기본적인 중국어 어순을 익혀보세요.

2 재료

🍲 주재료 ✵✩

	판단 및 소유동사				
	판단			소유	
是	shì	~이다	有	yǒu	~(갖고) 있다

🥄 부재료 ✡☆

관계동사 및 용언성목적어를 갖는 동사

관계동사								
是	有	叫	姓	像	成为	等于	属于	当作
shì	yǒu	jiào	xìng	xiàng	chéngwéi	děngyú	shǔyú	dàngzuò
~이다	~가 있다	~라 부르다	성이 ~이다	마치 ~처럼 생기다	~이 되다	~와 같다	~에 속하다	~이 되다

용언성목적어를 갖는 동사							
觉得	希望	打算	相信	决定	喜欢	认为	以为
juéde	xīwàng	dǎsuàn	xiāngxìn	juédìng	xǐhuan	rènwéi	yǐwéi
~라고 여기다	희망하다	계획하다	믿다	결정하다	좋아하다	여기다	여기다

③ 레시피

> 주어 + 술어(是/有) + 목적어。

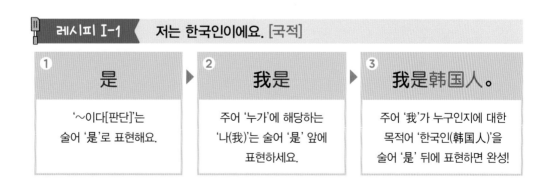

🍴 **레시피 Ⅰ-1**　　저는 한국인이에요. [국적]

①
是

'~이다[판단]'는
술어 '是'로 표현해요.

②
我是

주어 '누가'에 해당하는
'나(我)'는 술어 '是' 앞에
표현하세요.

③
我是韩国人。

주어 '我'가 누구인지에 대한
목적어 '한국인(韩国人)'을
술어 '是' 뒤에 표현하면 완성!

그것은 사과예요. [판단]

1
是

'~이다[판단]'는
술어 '是'로 표현해요.

▶

2
那是

주어 '그것(那)'은
술어 '是' 앞에 표현하세요.

▶

3
那是苹果。

주어 '那'가 무엇인지 목적어
'사과(苹果)'를 술어 '是' 뒤에
표현하면 완성!

부정문

那不是苹果。

'~이 아니다'는 부정을 표현하기 위해
판단을 표현하는 술어 '是' 앞에
부정부사 '不'를 넣으세요.

의문문

① 那是苹果吗？
② 那是不是苹果？

① 의문조사 '吗'를 문장 끝에 붙여 일반의문문을
만들어요.
② '是(긍정)'와 '不是(부정)'를 병렬하여 정반의문
문을 만들어요.

나는 휴대폰을 가지고 있어요. [사물의 소유]

1
有

'~을 가지고 있다[소유]'는
술어 '有'로 표현해요.

▶

2
我有

'누가', '~을 가지고 있다'를
표현하기 위해 술어 '有' 앞에
주어 '나(我)'를 표현하세요.

▶

3
我有手机。

주어 '我'가 '무엇'을 가지고
있는지 사물 목적어
'휴대폰(手机)'을 술어
'有' 뒤에 표현하면 완성!

부정문

我没有手机。

'~이 없다'는 부정을 표현하기 위해
소유를 표현하는 술어 '有' 앞에
부정부사 '没'를 넣으세요.

의문문

① 你有手机吗？
② 你有没有手机？

① 의문조사 '吗'를 문장 끝에 붙여 일반의문문을
만들어요.
② '有(긍정)'와 '没有(부정)'를 병렬하여 정반의문
문을 만들어요.

①

有

가족관계를 표현할 때의
'~이 있다'는
소유 의미의 술어 '有'로
표현해요.

②

我有

가족관계 표현에서
주어 '나(我)'를 술어 '有' 앞에
표현하세요.

③

我有一个哥哥。

주어 '我'에게 '어떤 가족'이
있는지 목적어 '형 한 명
(一个哥哥)'을 술어 '有' 뒤에
표현하면 완성!

부정문

我没有哥哥。

'~이 없다'는 부정을 표현하기 위해
술어 '有' 앞에 부정부사 '没'를 넣으세요.

※ '형이 한 명 없다' 표현은 어색하므로 '一个哥哥'에서
'一个'는 사용하지 않아요.

의문문

① 你有哥哥吗？
② 你有没有哥哥？

① 의문조사 '吗'를 문장 끝에 붙여 일반의문문을
만들어요.
② '有(긍정)'와 '没有(부정)'를 병렬하여 정반의문
문을 만들어요.

④ 셰프의 Tip

1. 판단동사 '是(~이다)'가 있는 문장과 소유동사 '有(~을 가지고 있다)'가 있는 문장은 다음과
같은 어순으로 표현돼요.

> 주어(A) + 술어(是 / 有) + 목적어(B)

'A是B'는 'A는 B이다[판단]', 'A有B'는 'A는 B를 가지고 있다[소유]'로 각각 해석되요. 이와
동일한 구조로 사용되는 동사로는 '叫', '姓', '属于', '像', '成为', '当作', '等于' 등이 있으니 잘 알
아 두세요!

예 我姓李。我叫李源浚。　나는 성이 이씨이고, 이름은 이원준이에요.

他像他的妈妈。　그는 그의 엄마를 닮았어요.

2. 중국어는 기본적으로 '주어 + 술어 + 목적어'로 표현해요. 이때 목적어로 동사구 또는 문장을 가지는 술어가 있는데, '觉得', '希望', '打算', '相信', '决定', '以为', '认为' 등이 그래요.

> **예** 我打算明天去。　 나는 내일 가려고 해요.
>
> 我相信你能做好。　 나는 당신이 잘할 수 있을 거라 믿어요.
>
> 我决定去中国学习汉语。　 나는 중국에 가서 중국어를 배우기로 결정했어요.

👨‍🍳 셰프의 Q&A

Q1 Chef! '那不是苹果。'와 '我没有哥哥。'는 모두 부정의 의미를 나타내는데 '不'와 '没'를 왜 구분해서 사용하는지요? 어떻게 다른가요?

A1 잘 보셨네요, '不'와 '没'는 달라요!

일반동사는 부정부사 '不'로 부정하지만 동사 '有'는 '没'로만 부정해야 해요! 물론 일반동사의 부정에 '没'를 사용할 수도 있지만(과거 부정) 동사 '有'는 무조건 '没'로 부정해야 한답니다.

Q2 Chef! '那是不是苹果？'라는 문장에서 보면 동사 '是'로 정반의문문을 표현했는데, 그럼 '他是不是回中国？', '是不是他回中国？', '他回中国是不是？'의 '是不是'도 모두 동사 '是'의 정반의문문인 건가요?

A2 아닙니다! 모두 '是不是'로 의문을 표현한 것은 맞으나 차이가 있어요!

'那是不是苹果？'는 '是'가 동사술어인 동사술어문의 정반의문문입니다. 그러나 예문 '他是不是回中国？', '是不是他回中国？', '他回中国是不是？'도 모두 '是不是'를 사용해 의문을 표현한 것은 맞으나 이 문장에서의 술어는 '回'이지 '是'가 아니므로 이들 예문은 동사 '是'의 정반의문문이라고 하지 않습니다. 예문에서 보듯이 '是不是'를 문장 앞, 주어 뒤, 문장 끝에 사용하여 의문을 표현할 수도 있습니다.

Part 1

5 존재표현

존재문 新HSK 2~3급, 国际大纲 1급

1 메뉴

일정한 공간에 사람이나 사물이 머무르고 있다는 '존재'를 표현하는 문장을 '존재문'이라고 하는데, 중국어에서는 각각 동사 '在', '有', '是'를 써서 '~(장소)에 ~(사물·사람)이 있다'를 표현해요. 동사 '在', '有', '是'의 의미는 유사하나 기능에는 각각 차이가 있어 구분해 사용하려면 다소 혼란스러울 수 있어요. 따라서 '在', '有', '是'의 차이를 잘 이해해야만 정확하게 표현할 수 있겠지요. 일정한 공간에 사람이나 사물이 머무르는 존재표현의 '在', '有', '是' 기능을 정확히 이해하여 표현해 보기로 해요.

내 중국어 책은 책상에 있어요.	▶	존재표현(在)
책상에 책 두 권이 있어요.	▶	존재표현(有)
책상 위에 있는 것은 책이에요.	▶	존재표현(是)

2 재료

주재료

존재동사 ① (단순 존재표현)

在	有	是
zài	yǒu	shì
~에 있다		

③ 레시피

주어 + 술어(在/有/是) + 목적어.

레시피 I | 내 중국어 책은 책상에 있어요.

① 在

'~에 있다'는 술어 '在'를 써서 표현해요.

▶

② 我的汉语书在

존재하는 대상 '내 중국어 책(我的汉语书)'을 술어 '在' 앞에 표현해 보세요.

▶

③ 我的汉语书在桌子上。

대상 '我的汉语书'가 존재하고 있는 장소 '책상 위(桌子上)'를 술어 뒤에 표현하면 완성!

레시피 II | 책상에 책 두 권이 있어요.

① 有

'~이 있다'는 술어 '有'를 써서 표현해요.

▶

② 桌子上有

사물이 존재하는 장소 '책상 위(桌子上)'를 술어 '有' 앞에 표현해 보세요.

▶

③ 桌子上有两本书。

장소 '桌子上'에 존재하고 있는 대상 '책 두 권(两本书)'을 술어 '有' 뒤에 표현하면 완성!

레시피 III | 책상 위에 있는 것은 책이에요.

① 是

'~이 있다'는 술어 '是'를 써서 표현해요.

▶

② 桌子上是

사물이 존재하는 장소 '책상 위(桌子上)'를 술어 '是' 앞에 표현해 보세요.

▶

③ 桌子上是书。

장소 '桌子上'에 존재하고 있는 대상 '책(书)'을 술어 '是' 뒤에 표현하면 완성!

④ 셰프의 Tip

1. '~이 있다'는 존재표현은 대부분 동사 '在', '有', '是'를 써서 표현해요. 이들 동사는 모두 존재를 나타내지만, 동사 자체의 의미기능에 따라 문장구조에도 차이가 있어요.

① 我的汉语书在桌子上。

● 동사 '在': 특정적이고 구체적인 사람이나 사물이 어떤 장소에 존재하는 것을 표현해요. 명확한 대상인 '나의 중국어 책(我的汉语书)'이 존재하는 장소를 표현하는 문장이지요.

② 桌子上有两本书。

● 동사 '有': 명확한 장소에 불특정한 사람이나 사물이 존재하는 것을 표현해요. '책상 위(桌子上)'라는 명확한 공간에 불명확한 사물인 '두 권의 책(两本书)'이 존재함을 표현해요.

※ '桌子'는 사물이지만 뒤에 방위사 '上'이 붙어 '桌子上'은 장소를 표현하는 단어가 돼요. 또한 '이 책(这本书)' 혹은 '나의 책(我的书)' 은 명확한 사물인 반면 '두 권의 책(两本书)'은 어떤 책 두 권인지 명확하지 않아 불특정한 사물을 나타내지요.

③ 桌子上是书。

● 동사 '是': 명확한 장소에 어떤 사물이나 사람이 있다는 것은 알지만 그 사물이 무엇인지, 그 사람이 누구인지 표현해요. 책상에 어떤 사물이 있는데 그것이 바로 '책(书)'임을 표현하는 문장이지요.

2. 존재를 표현할 때는 반드시 존재하는 '장소(공간)'가 필요하겠지요. 장소(공간)는 장소를 표현하는 어휘가 그대로 쓰이는 경우도 있지만, 일반명사를 장소화시켜 사용하는 경우도 있어요. 예로 '桌子上有两本书。'라는 문장에서 '桌子(명사)'에 '上(단순방위사)'을 함께 써야지만 장소의 기능을 해요. 만약 방위사를 붙이지 않은 채 명사만 쓴다면 틀린 표현이 되지요. 물론 원래 장소명사는 단순방위사를 붙여도 생략해도 모두 장소로 쓰일 수 있어요.

> ● 일반명사 + 단순방위사(上, 下, 里…) ▶ 장소
> ● 장소명사 + (단순방위사(上, 下, 里…)) ▶ 장소

예 桌子上有一本书。(○)　　　　　桌子有一本书。(×)
　　책상 위에 책이 한 권 있어요.

　　教室里有很多学生。(○)　　　　教室有很多学生。(○)
　　교실에 학생들이 많이 있어요.

👨‍🍳 셰프의 Q&A

Q1 **Chef!** '北京大学在清华大学西边。'에서 주어로 사람이나 사물을 사용해야 하는데 '北京大学'는 장소 아닌가요? 또 다른 예로 '图书馆西边是运动场。'에서 사물 목적어를 써야 할 것 같은데 장소 '运动场'을 사용하였는데 이것도 틀린 표현 아닌가요?

A1 아니에요~ 맞는 표현이에요!

주어와 목적어가 모두 장소인 경우 상대적으로 '좁은 장소는 사물'로 '넓은 장소는 장소로 이해하면 돼요. 예로 '北京大学在清华大学西边。'과 '图书馆西边是运动场。'에서 모두 동사술어(在, 是)를 중심에 두고 앞뒤에 모두 장소가 사용되었어요. 하지만 '北京大学在清华大学西边。'에서 '北京大学'가 '清华大学西边'보다 좁은 공간이면 사물 주어로 쓰일 수 있어요. 이와 같이 '图书馆西边是运动场。'에서도 '图书馆西边'은 '运动场'보다 상대적으로 넓기 때문에 '图书馆西边'은 장소 주어로, '运动场'은 사물 목적어로 쓰였습니다. 또 다른 예로 '他的照片在我的钱包里。'에서는 '他的照片'과 '我的钱包里'는 모두 사물인 것 같지만 둘 중 작은 것은 '他的照片(사물)'이고, 큰 것은 '我的钱包里(장소)'로 이해하면 돼요.

Q2 **Chef!** '桌子上有很多书。'와 '桌子上是书。'는 문장구조도 비슷하고 의미도 동일한 것 같은데 같은 표현인가요?

A2 아니요! 두 문장은 약간의 차이가 있어요.

'책상에 책이 있습니다.'라는 기본 의미는 유사하나 두 문장이 표현하고자 하는 기준은 명백히 다르다고 할 수 있어요.

'桌子上有很多书。'는 '桌子上有什么? (책상에 무엇이 있습니까?)'라는 물음의 답일 수 있어요.

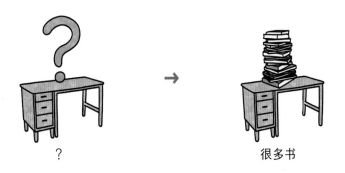

?   很多书

A: 桌子上有什么?   탁자 위에 뭐가 있어요?

B: 桌子上有很多书。   탁자 위에 책이 여러 권 있어요.

하지만 '桌子上是书。'는 '桌子上那是什么? (책상 위에 있는 그것은 무엇입니까?)'라는 물음의 답으로 책상에 무엇이 있는지 알고는 있으나 그것이 책인지에 대한 질문이라 이해하면 돼요.

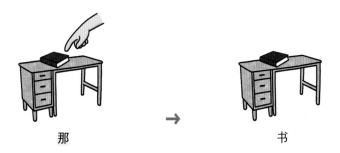

那   书

A: 桌子上那是什么?   탁자 위에 있는 그것은 뭐예요?

B: 桌子上是书。   탁자 위에 있는 것은 책이에요.

Part 2

Brunch

가볍게 표현해 보아요!

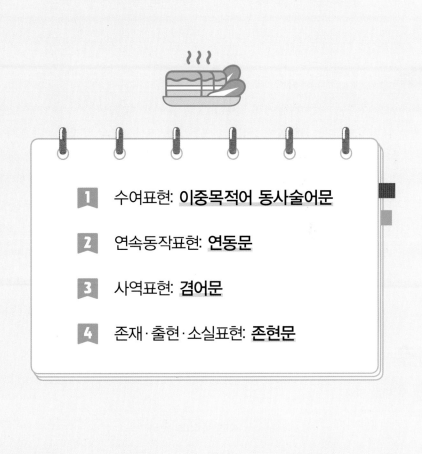

1 수여표현

이중목적어 동사술어문 新HSK 2급, 国际大纲 4급

① 메뉴

일상 속에서 우리는 다른 사람에게 어떤 사물을 주기도 하고, 어떤 상황이나 사실을 전달하는 경우가 많아요. 이럴 때 영어에서는 수여동사를 써서 4형식 문장(주어＋동사＋간접목적어＋직접목적어)으로 표현하게 되는데, 중국어에서도 이와 같은 구조의 이중목적어 동사술어문으로 표현해요. 즉 '나는 그녀에게 중국어책을 주었다.'라는 문장에는 '그녀'와 '중국어책'이라는 2개의 목적어가 있고, 이와 유사하게 '그는 선생님께 질문을 했다.'라는 문장에서도 '선생님'과 '질문'이 목적어가 되는데, 이런 문장을 중국어로 말하려면 반드시 목적어 2개를 표현할 수 있는 이중목적어 동사술어문로 표현해야 해요. 그럼 우리 '이중목적어 동사술어문'을 함께 만들어 볼까요?

② 재료

🍲 주재료 ✡✩

이중목적어 동사							
给	教	问	告诉	还	借	找	送
gěi	jiāo	wèn	gàosu	huán	jiè	zhǎo	sòng
주다	가르쳐 주다	묻다	알려주다	돌려주다	빌려 주다	거슬러 주다	보내다

③ 레시피

> 주어 + 수여동사 + 간접목적어 + 직접목적어.

레시피 Ⅰ   그녀가 나에게 책 한 권을 주었어요.

❶ 给	❷ 她给	❸ 她给了我	❹ 她给了我一本书。
술어 '주다(给)'를 떠올려 보세요.	'给'의 주체 '그녀(她)'를 술어 '给' 앞에 표현해 보세요.	'~에게'에 해당되는 간접목적어 '나(我)'를 '주었다(给了)' 뒤에 표현해 보세요. ※ 완료의 표현이므로 완료를 나타내는 조사 '了'를 붙여요.	'~을/를'에 해당되는 직접목적어 '책 한 권(一本书)'을 간접목적어 '我' 뒤에 표현하면 완성!

레시피 Ⅱ   당신께 3위안을 거슬러 줄게요.

❶ 找	❷ 找你	❸ 找你三块钱。
술어 '거슬러 주다(找)'를 떠올려 보세요.	'~에게'에 해당되는 간접목적어 '당신(你)'을 술어 '找' 뒤에 표현해 보세요.	'~을/를'에 해당되는 직접목적어 '3위안(三块钱)'을 간접목적어 '你' 뒤에 표현하면 완성!

레시피 Ⅲ   왕 선생님께서 우리에게 중국문화를 가르쳐 주세요.

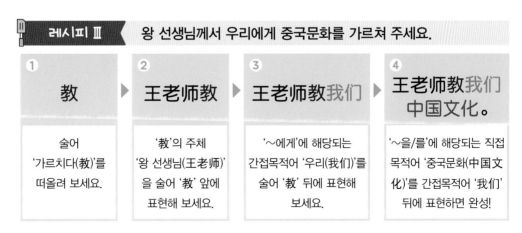

❶ 教	❷ 王老师教	❸ 王老师教我们	❹ 王老师教我们中国文化。
술어 '가르치다(教)'를 떠올려 보세요.	'教'의 주체 '왕 선생님(王老师)'을 술어 '教' 앞에 표현해 보세요.	'~에게'에 해당되는 간접목적어 '우리(我们)'를 술어 '教' 뒤에 표현해 보세요.	'~을/를'에 해당되는 직접목적어 '중국문화(中国文化)'를 간접목적어 '我们' 뒤에 표현하면 완성!

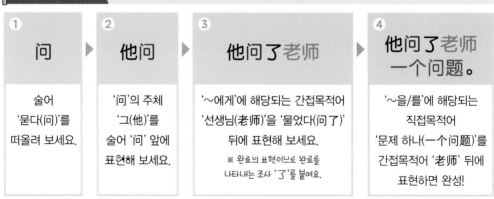

레시피 Ⅳ 그는 선생님께 문제 하나를 여쭤봐요.

①

问

술어
‘묻다(问)’를
떠올려 보세요.

②

他问

‘问’의 주체
‘그(他)’를
술어 ‘问’ 앞에
표현해 보세요.

③

他问了老师

‘~에게’에 해당되는 간접목적어
‘선생님(老师)’을 ‘물었다(问了)’
뒤에 표현해 보세요.

※ 완료의 표현이므로 완료를
나타내는 조사 ‘了’를 붙여요.

④

他问了老师
一个问题。

‘~을/를’에 해당되는
직접목적어
‘문제 하나(一个问题)’를
간접목적어 ‘老师’ 뒤에
표현하면 완성!

④ 셰프의 Tip

1. 일반적으로 중국어 문장에서는 ‘주어＋동사술어＋목적어’의 구조로 의미를 표현해요. 그러나 이보다 좀 더 다양한 표현을 하기 위해 목적어가 두 개 등장할 때가 있는데, 이때 동사는 반드시 목적어를 두 개 가질 수 있는 수여동사를 써야 해요. 이러한 문장을 이중목적어 동사술어문이라고 해요. 이 문장에 쓸 수 있는 동사는 수여의 의미와 기능을 가진 동사이므로 간접목적어와 직접목적어를 모두 가질 수 있지요.

주어 + 수여동사 + 간접목적어(사람) + 직접목적어(사물/사건)
↳ 给, 教, 问, 告诉, 还, 通知, 借, 送

예 生日那天他给了我汉韩词典。 생일 그 날에 그가 나에게 중한사전을 줬어요.
王老师教我们汉语。 왕 선생님은 우리에게 중국어를 가르쳐 주세요.

2. 이중목적어 동사술어문의 긍정문과 부정문, 의문문은 다음과 같이 표현해요.

① 긍정문 ▶ 王老师教我们汉语。 왕 선생님이 우리에게 중국어를 가르쳐 주세요.

② 부정문 ▶ 王老师不教我们汉语。 왕 선생님은 우리에게 중국어를 가르쳐 주지 않으세요.

③ 일반의문문 ▶ 王老师教我们汉语吗？ 왕 선생님이 우리에게 중국어를 가르쳐 주시나요?

④ 정반의문문 ▶ 王老师教不教我们汉语？ 왕 선생님이 우리에게 중국어를 가르쳐 주시나요?

⑤ 의문대명사 의문문 ▶ 谁教我们汉语？ 누가 우리에게 중국어를 가르쳐 주시나요?
王老师教谁汉语？ 왕 선생님은 누구에게 중국어를 가르쳐 주시나요?
王老师教我们什么？ 왕 선생님이 우리에게 무엇을 가르쳐 주시나요?

Q1 **Chef!** '他给了我一件礼物。'와 '他给我买了一件礼物。'의 의미 차이가 큰가요? 여기서 '给'의 의미는 같나요?

A1 아니요~ '给'의 품사가 각각 달리 쓰여 의미에도 차이가 있어요.

'他给了我一件礼物。'는 '그가 나에게 선물 하나를 주었다.'이고 '他给我买了一件礼物。'는 '그는 나에게 선물 하나를 사 주었다.'는 의미예요. 즉, 앞 문장은 선물을 사서 줄 수도 있고 갖고 있었던 것을 줄 수도 있으므로 의미 차이가 있죠.

그리고 중요한 것! 바로 문법적으로 두 문장은 확연한 차이가 있어요. '他给了我一件礼物。'의 '给'는 '我'를 간접목적어로 '一件礼物'를 직접목적어로 갖는 이중목적어 동사인 반면, '他给我买了一件礼物。'의 '给'는 '我'라는 목적어를 갖는 전치사로, 동사술어 '买'를 수식해 주지요. 이러한 품사의 차이로 의미도 차이가 있답니다.

Q2 **Chef!** '我的同学告诉我明天没有课。'에서 직접목적어는 '课'인가요?

A2 아니에요~!

이중목적어 동사술어문은 일반적으로 간단한 문장에서는 동사술어 뒤에 '사람(간접목적어)'과 '사물(직접목적어)'을 넣어 나란히 표현하게 되요. 하지만 구체적인 상황을 설명해야 하는 조금 더 복잡한 경우라면 직접목적어로 상황이나 사실을 말해야 하기도 하겠죠? 따라서 '我的同学告诉我明天没有课。'에서 간접목적어는 '我', 직접목적어는 바로 '明天没有课'라고 할 수 있어요. 즉 직접목적어 자리에 문장이 올 수도 있다는 사실! 꼭 알아 두세요.

② 연속동작표현

연동문 新HSK 2~3급, 国际大纲 2급

① 메뉴

우리 일상은 동작의 연속이라고 할 수 있지요. 이러한 연속적인 상황을 누군가에게 설명하려면 어떤 한 대상이 어떤 동작을 하고 연이어 또 다른 동작을 하게 되는 복잡한 상황을 표현할 수 있어야 할 거예요. 예로 '나는 극장에 가서 영화를 본다.'라는 문장을 말하기 위해서는 '나는 극장에 간다'와 '나는 영화를 본다'는 두 동작이 연이어서 발생하는 것을 모두 표현해 주어야 하죠. 이처럼 한 대상이 여러 동작을 연이어서 하는 경우를 표현할 때 중국어에서는 '연동문'이라는 문장구조로 이야기해요. 그럼 우리 함께 연동문을 만들어 보아요.

나는 베이징에 와서 중국어 공부를 해요.	▶	목적표현 연동문
나는 지하철을 타고 출근해요.	▶	방식표현 연동문
그녀는 원피스를 사서 입어요.	▶	결과표현 연동문
그는 휴대폰을 살 돈이 있어요.	▶	조건표현 연동문

② 재료

🍲 주재료 ✤✩

연속동작 사용 동사				
用	坐	有	去	买
yòng	zuò	yǒu	qù	mǎi
~를 이용하(고)다	~타(고)다	~가지(고)다	가다	사다

③ 레시피

주어 + 동사술어₁ + 목적어 + 동사술어₂ + 목적어。

레시피 I ▶ 나는 베이징에 와서 중국어 공부를 해요.

❶ 来
❷ 我来北京
❸ 我来北京学习
❹ 我来北京学习汉语。

❶	❷	❸	❹
먼저 발생하는 동작 '오다(来)'를 떠올려 봐요.	술어 '来'의 주어 '나(我)'는 '来' 앞에, 온 장소 '베이징(北京)'은 '来' 뒤에 표현하세요.	연이어 발생하는 동작 '공부하다(学习)'를 '我来北京' 뒤에 표현해 보세요.	연이어 발생하는 동작 '学习'의 행위대상 '중국어(汉语)'를 술어 '学习' 뒤에 표현하면 완성!

레시피 II ▶ 나는 지하철을 타고 출근을 해요.

❶ 坐
❷ 我坐地铁
❸ 我坐地铁去上班。

❶	❷	❸
먼저 발생하는 동작 '타다(坐)'를 떠올려 봐요.	술어 '坐'의 주어 '나(我)'는 '坐' 앞에, '坐'의 행위대상 '지하철(地铁)'은 '坐' 뒤에 표현하세요.	연이어 발생하는 동작 '가다(去)'와 '출근하다(上班)'를 동작발생 순서대로 표현하면 완성! ※ '上班'은 동작과 행위대상이 결합된 '이합사'라서 또 다른 대상과 함께 쓸 수 없어요!

레시피 Ⅲ ▸ 그녀는 원피스를 사서 입어요.

① 买

발생하는 동작인 '사다(买)'를 떠올려 봐요.

▸

② 她买连衣裙

술어 '买'의 주체자 '그녀(她)'는 '买' 앞에, 행위대상 '원피스(连衣裙)'는 '买' 뒤에 표현해요.

▸

③ 她买连衣裙穿。

술어₁ '买'의 결과동작 '입다(穿)'를 문장 뒤에 표현하면 완성!

레시피 Ⅳ ▸ 그는 휴대폰을 살 돈이 있어요.

① 买

술어인 '사다(买)'를 떠올려 봐요.

▸

② 他买手机

술어 '买'의 주체인 '그(他)'는 '买' 앞에, 행위대상 '휴대폰(手机)'을 '买' 뒤에 표현해요.

▸

③ 他有钱买手机。

휴대폰을 살 '돈이 있다(有钱)'는 조건을 표현하기 위해 '买' 술어 앞에 표현하면 완성!

④ 셰프의 Tip

1. 동작을 연속으로 표현하는 문장을 연동문이라고 하는데, 이러한 연동문에서 부사어(조동사 想…, 부사 快…, 시간명사 现在… 등)는 동사술어₁ 앞에 놓아야 해요.

> 주어 + 부사어 + 동사술어₁ + 목적어 + 동사술어₂ + 목적어

예 我想坐飞机去。 나는 비행기를 타고 가고 싶어요.
你快去找他。 당신은 빨리 가서 그를 찾으세요.
我们现在有时间玩儿。 우리는 지금 놀 시간이 있어요.

2. 연동문에서 부정표현을 하려면 부정부사(不, 没)를 동사술어₁ 앞에 놓아요.

$$주어 + 부정부사 + 동사술어_1 + 목적어 + 동사술어_2 + 목적어$$

> 예 他们不去旅游。　그들은 여행을 가지 않아요.
>
> 他们不来我家玩儿。　그들은 우리 집에 놀러오지 않아요.
>
> 我没有时间吃饭。　나는 밥 먹을 시간이 없어요.

3. 연동문에서 동작의 상태(완료 '了', 경험 '过', 지속 '着')를 표현하고자 할 때에는 완료 '了'와 경험 '过'는 동사술어₂ 뒤에 놓아야 하며, 지속 '着'는 동사술어₁ 뒤에 놓아야 해요. (더 자세한 내용은 Part 3 '4. 완료 · 지속 · 경험' 참고)

$$주어 + 동사술어_1 + O + 동사술어_2 + O$$
지속 '着'　　완료 '了'/경험 '过'

> 예 我们去他那儿听了那个消息。　우리는 그 사람이 있는 그곳에 가서 그 소식을 들었어요.
>
> 上个月我去上海旅游了。　지난달 우리는 상하이로 여행 갔어요.
>
> 去年我去全聚德吃过北京烤鸭。　작년에 나는 취엔쮜더에 가서 베이징카오야를 먹었어요.
>
> 前年我去北京饭店住过。　재작년에 나는 베이징호텔에 가서 머물렀어요.
>
> 我躺着看电视，他听着音乐写作业。　나는 누워서 TV를 보고, 그는 음악을 들으면서 숙제를 해요.
>
> 老师站着讲课，我们坐着听课。　선생님은 서서 수업을 하시고, 우리는 앉아서 수업을 들어요.

셰프의 Q&A

Q1 **Chef!** '我喜欢看电影。'에서 '喜欢'과 '看'이 모두 동사인데, 이 문장은 연동문이 아닌가요?

A1 네! 이 문장은 연동문이 아니에요.

'我喜欢看电影。'에서 주요 동사술어 '喜欢(좋아하다)'은 '看(보다)'과 같이 동작을 나타내는 동사가 아니라 '좋아하다'라는 심리상태를 나타내는 동사이므로, 연속동작을 나타내는 연동문이 아니에요. 심리동사 '喜欢'은 심리상태를 나타내면서 용언성목적어(看电影)를 갖을 수 있는 동사라고 앞에서 배웠죠? '喜欢' 뒤에는 명사뿐 아니라 동사구 또는 문장을 목적어로 표현할 수 있어요! 이같은 특징을 갖는 동사로는 '喜欢' 외에 '知道', '觉得', '认为', '希望', '进行', '开始', '加以', '值得', '继续', '受' 등이 있답니다.

Q2 **Chef!** '他坐在椅子上不站起来。'에서 '坐', '站'의 두 동작이 연이어 표현됐는데, 이런 경우 동사술어₁에 부정부사를 붙여 부정표현을 해야 하는 것 아닌가요? 왜 '不站起来'로 표현한 거죠? 어떤 차이가 있나요?

A2 차이가 있으니, 다음의 설명을 봐 주세요!

'他坐在椅子上不站起来。'의 의미를 살펴보면, 이 문장은 '他坐在椅子上'과 '不站起来'로 나눌 수 있어요. '他坐在椅子上'은 긍정의 의미로 그대로 두고 '站起来'만을 부정하였음을 알 수 있죠. 이 문장은 '그는 의자에 앉아있고, 일어나지 않았다'의 의미를 표현하기 위해, 뒤의 동작만을 부정했다고 볼 수 있어요.

예 他不去图书馆看书。 그는 도서관에 책을 보러 가지 않아요.
➡ '去图书馆看书'를 부정한 것으로 문장 전체의 의미를 부정함

他去图书馆不看书，看杂志。 그는 도서관에 가서 책은 보지 않고, 잡지를 봐요.
➡ 이 문장은 부정부사가 붙은 '看书'만을 부정함

Part 2

3 사역표현

겸어문 新HSK 2급, 国际大纲 2급

1 메뉴

우리는 대부분 자신의 의지대로 행동하지만, 간혹 누군가의 지시나 청유에 따라 행동해야 하는 경우도 많이 있어요. 이런 경우 '사역표현'을 사용해 말하게 되는데 이런 표현을 중국어에서는 '겸어문'이라는 형식으로 표현해요. 중국어로 사역표현을 하기 위해서는 중국어 '겸어문'의 구조와 특징을 확실하게 이해해야 해요. 그럼 중국어 사역표현에 대해 함께 알아봐요.

그가 나를 식사에 초대했어요.	▶	청유
그가 나더러 내일 오라고 했어요.	▶	사역
언니가 내게 방청소를 시켰어요.		강제(사역)
나는 그를 파견해 베이징에 출장 가게 하고 싶어요.	▶	파견(사역)

2 재료

🍲 주재료 ✫✩

겸어동사(사역표현 동사)				
请	叫	让	使	派
qǐng	jiào	ràng	shǐ	pài
~를 청하다	~로 하여금 하게 하다			~을 파견하게 하다

③ 레시피

> 주어 + 동사술어₁ + 목적어/주어 + 동사술어₂ + 목적어
> (겸어동사)

레시피 I   그가 나를 식사에 초대했어요.

① 请

술어 '초대하다(请)'를 떠올려 보세요.

▶

② 他请我

'请'의 주어 '그(他)'는 술어 앞에, 초대를 받는 사람 '나(我)'는 술어 뒤에 표현하세요.

▶

③ 他请我吃

'他请我' 뒤에 '먹다(吃)'를 표현해 보세요.

▶

④ 他请我吃饭。

'吃' 뒤에 먹는 대상 '식사(饭)'를 붙여서 표현하면 완성!

레시피 II   그가 나더러 내일 오라고 했어요.

① 让

술어 '~더러 ~하게 하다(让)'를 떠올려 보세요.

▶

② 他让我

'让'을 지시하는 주어 '그(他)'는 술어 앞에, 요청이나 지시를 받는 행위대상자 '나(我)'는 술어 '让' 뒤에 표현하세요.

▶

③ 他让我来

'他让我' 뒤에 '오다(来)'를 표현해 보세요.

▶

④ 他让我明天来。

'来' 앞에 시점을 나타내는 시간명사 '내일(明天)'을 붙여서 표현하면 완성!

언니가 내게 방청소를 시켰어요.

① 叫

술어
'~하게 하다(叫)'를
떠올려 보세요.

② 姐姐叫我

겸어동사 '叫'로 지시하는
주어 '언니(姐姐)'는
술어 앞에, 지시를 받는
행위대상자 '나(我)'는 술
어 '叫' 뒤에 표현하세요.

③ 姐姐叫我打扫

문장 ② 뒤에
'청소하다(打扫)'를
표현해 보세요.

④ 姐姐叫我打扫房间。

'打扫' 뒤에 청소하고자
하는 장소 '방(房间)'을
표현하면 완성!

언니는 내게 방청소를 시키지 않았어요. [부정문]

① 叫

술어
'~하게 하다(叫)'를
떠올려 보세요.

② 姐姐叫我

겸어동사 '叫'를 지시하는
주어 '언니(姐姐)'는
술어 앞에, 지시를 받는
행위대상자 '나(我)'는 술
어 '叫' 뒤에 표현하세요.

③ 姐姐叫我打扫房间

문장 ② 뒤에
'방을 청소하다
(打扫房间)'를
표현해 보세요.

④ 姐姐没叫我打扫房间。

겸어문의 부정표현은
겸어동사 '叫' 앞에 부정부
사 '没'를 붙이면 완성!

※ 겸어문의 부정표현은 연동문처럼
첫 번째 동사 앞에
'没'를 붙여요!

나는 그를 파견해 베이징에 출장 가게 하고 싶어요.

① 派

술어
'~를 파견하게
하다(派)'를
떠올려 보세요.

② 我派他

'派'를 시시하는 수어
'나(我)'는 술어 앞에,
지시를 받는 행위대상자
'그(他)'는 술어 뒤에
표현하세요.

③ 我派他去北京出差

문상 ② 뒤에
'베이징에 출장 가다
(去北京出差)'를
표현해 보세요.

④ 我想派他去北京出差。

'~하고 싶다(想)'를
겸어동사 '派' 앞에
붙이면 완성!

※ 겸어문에서 부사, 조동사,
전치사구는 겸어동사 앞에 붙여요!

④ 셰프의 Tip

1. 사역을 표현하는 겸어문의 기본구조는 다음과 같아요.

$$주어 + \begin{array}{c}동사술어_1\\(겸어동사)\end{array} + \boxed{목적어/주어} + 동사술어_2 + 목적어$$

↳ 사역의 의미를 지닌 동사(让, 叫, 请, 使 등)
'~로 하여금 하게 하다'의 의미

> 예 老师让我们读课文。 선생님께서 우리에게 본문을 읽으라고 하셨어요.

'我们'이 동사술어_1(让)의 목적어와 동사술어_2(读)의 주어를 겸하고 있어요. 이렇듯 두 문장성분을 겸한다고 하여 '겸어(兼语)문'이라고 하고, 여기서 '我们'은 '겸어'라고 해요.

2. 사역을 표현하는 겸어문의 구조는 연동문과 유사한 구조라고 보면 되요! 따라서 일반부사, 부정부사(不, 没 등), 조동사(想, 能, 숲 등)는 동사술어_1 앞에 위치해요. 또한 겸어문의 정반의문문도 동사술어_1을 긍정과 부정으로 병렬하여 표현한다는 것도 알아두세요.

> 예 老师没让我们看书。 선생님께서는 우리에게 책을 보라고 하지 않았어요.
> 他不让我走。 그가 나보고 가지 말라고 해요.
> 我想请他父母一起吃饭。 나는 그의 부모님을 초대해 함께 식사를 하고 싶어요.
> 妈妈叫没叫妹妹打扫房间? 엄마가 여동생에게 방을 청소하라고 하셨어요?

3. 사역을 표현하는 겸어문에서 동작의 상태를 나타내는 조사(완료 '了', 경험 '过', 지속 '着')는 일반적으로 사역동사(让, 叫, 使 등) 뒤에 쓸 수 없어요. 다만 완료의 '了'는 동사술어_2의 뒤나 문장 끝에는 사용할 수 있어요.

> 예 老师叫了我们回答问题。(×)
> 老师让着我们预习。(×)
> 妈妈让我叫了一辆出租车。 엄마가 나보고 택시를 한 대 부르라고 하셨어요.
> 他叫我回家了。 그가 나에게 집에 돌아가라고 했어요.

셰프의 Q&A

Q1 **Chef!** '这个消息让我们很高兴。'으로 주로 표현하는데 겸어(사역)동사 '让'을 '使'로 바꿔서 '这个消息使我们很高兴。'으로 표현해도 되나요?

A1 네~ 가능하긴 하나 의미상 차이가 있어요.

일반적으로 사역의미를 가지는 동사에는 '请', '让', '叫', '使'가 있는데, 동사 자체의 의미에 약간의 차이가 있어요. 이중 '让'과 '叫'는 의미가 유사하므로 '这个消息让我们很高兴。'에서 '让'을 '叫'로 바꿔써도 의미가 똑같아요. 반면 '请'은 '초대하다, 청하다'의 의미를 표현하고자 하는 경우만 쓰고, '使'는 대체로 문어체에만 쓰고 주로 비동작적이며 정적인 표현에 사용되므로 '这个消息使我们很高兴。'은 의미에 차이가 있게 되지요.

Q2 **Chef!** '总经理派他去上海。'나 '我想求他帮帮忙。'에서는 첫 번째 동사 자리에 사역동사가 아닌 동사 '派'와 '求'를 사용하였는데 문장의 의미와 문장구조가 사역표현 문장과 거의 같아 보여요. 이 문장들도 사역표현(겸어문)인 건가요?

A2 네~ 이런 문장도 사역표현(겸어문)이라고 할 수 있어요!

'总经理派他去上海。'나 '我想求他帮帮忙。'이라는 표현은 '总经理让他去上海。'나 '我想让他帮帮忙。'으로 표현할 수 있어요. 하지만 '总经理派他去上海。'는 '사장님께서 그를 상하이로 파견하였다.'라는 표현으로 '派(파견하다)'의 의미가 사역표현 '~를 시키다'와 유사하고, 문장 내 구조도 겸어문과 동일해요. 또 '我想求他帮帮忙。'은 '나는 그에게 좀 도와달라고 청하고 싶다.'라는 표현으로 '求(자문을 구하고, 간절하게 청하다)'의 의미가 사역표현 '~를 청하다, 부탁하다'와 유사하고, 문장 내 구조도 겸어문과 유사함을 알 수 있어요.

즉, 일반적인 사역표현은 '请', '让', '叫', '使'의 동사가 주를 이루지만, 그 외에 사역의 의미를 가진 동사 '派', '求', '称', '认', '选' 등으로도 사역표현을 할 수 있답니다!

4 존재·출현·소실표현

존현문 新HSK 3급, 国际大纲 3급

1 메뉴

앞서 특정 장소에 사람이나 사물이 존재(在, 有, 是)하는 것을 중국어로 어떻게 표현하는지에 대해 배웠어요. 단순히 존재를 표현하는 것 외에도 장소에 누군가가 존재하거나, 나타나거나 사라지는 경우를 표현해야 하는 경우가 있지요. 이럴 때 중국어에는 '존현문'이라는 정해진 어순이 있어 이에 맞춰 정확하게 표현해야 그 의미를 확실하게 전달할 수 있어요. 사람이나 사물이 일정한 공간에 존재하는 '존재', 나타나는 '출현'과 사라지는 '소실'은 각각 어떻게 표현하는지, 존현문에 대해 함께 알아봐요.

벽에 세계지도 한 장이 걸려 있습니다.	▶	존재표현(존재동사)
제 기숙사에 새 친구 한 명이 왔어요.	▶	출현표현(나타남)
방에서 침대 두 개를 가지고 갔어요.	▶	소실표현(사라짐)

2 재료

🍲 주재료 ✿✫

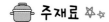

─────── (사람/사물) 존재동사 ② ───────

관계동사

躺	挂	围	站	放	蹲	贴	靠
tǎng	guà	wéi	zhàn	fàng	dūn	tiē	kào
눕다	걸다	에워싸다	서다	놓다	꿇어앉다	붙이다	기대다

관계동사							
搬	掉	落	跑	出现	发生	生	死
bān	diào	luò	pǎo	chūxiàn	fāshēng	shēng	sǐ
옮기다	떨어뜨리다	떨어지다	뛰다	나타나다	발생하다	태어나다	죽다

③ 레시피

문장구조 = 주어 + 동사술어 + 존재의 着 + 목적어
(장소)　　　　　　 출현·소실의 了　 (구체적 사물)

레시피 Ⅰ ▶ 벽에 세계지도 한 장이 걸려 있습니다.

❶ 挂 ▶ ❷ 挂着 ▶ ❸ 墙上挂着一张世界地图。

동작 '걸다(挂)'를
떠올려 보세요.

'挂'라는 상태를 표현하기
위해 '挂'에 존재의 '着'를 붙여
'걸려 있다'를 표현하세요.

장소주어 '벽(墙上)'을 '挂' 앞에,
대상사물 '세계지도 한 장(一张世界地图)'을
술어 뒤에 표현하면 완성!

레시피 Ⅱ ▶ 제 기숙사에 새 친구 한 명이 왔어요.

❶ 来了 ▶ ❷ 我的宿舍里来了 ▶ ❸ 我的宿舍里来了一个新同学。

동작 '오다(来)'에
완료의 '了'를 결합해
'왔다(来了)'를
표현해 보세요.

'来了'가 이루어지는 장소
'제 기숙사(我的宿舍里)'를
술어 '来' 앞에 표현하세요.

장소주어 '我的宿舍里'에 나타난
대상 '새 친구 한 명(一个新同学)'을
술어 뒤에 표현하면 완성!

레시피 III	방에서 침대 두 개를 가지고 갔어요.

① 搬	▶	② 搬走了	▶	③ 屋子里搬走了两张床。
동작 '옮기다(搬)'를 떠올려 보세요.		'가지고 갔다'는 결과를 표현하기 위해 '결과보어(走) + 완료(了)'를 술어 뒤에 함께 표현하세요.		사물이 놓여 있는 장소 '방(屋子里)'을 술어 '搬走了'의 앞 주어 자리에, 옮길 대상 '침대 두 개(两张床)'를 술어 뒤에 표현하면 완성!

④ 셰프의 Tip

1. 앞서 **Part1** '존재문'에서 동사 '在', '有', '是'로 '~에 있다'라는 존재표현을 할 수 있다고 배웠어요. 그러나 앞서 배운 존재문 외에도 존재를 나타낼 수 있는 방법이 또 있는데, 바로 존재동사로 표현하는 방법이에요. '桌子上放着很多书.'에서 존재의 의미는 동사 '放'이 표현하고, 이에 지속의 의미를 보완하기 위해 지속의 '着'를 붙여 존재가 지속됨을 표현하죠.

> 예 房间里放着很多文件。 방 안에 많은 서류가 있어요.
>
> 书包里装着三本书。 책가방 안에는 책이 세 권 들어 있어요.
>
> 办公室里围着几个职员。 사무실에 몇몇 직원들이 둘러서 있어요.

2. 나타남(출현)을 표현할 때, 예로 '我的宿舍里来了一个新同学.'는 '나의 기숙사(我的宿舍里)'라는 장소에 '한 명의 새 친구(一个新同学)'가 오게 되면서 '나타남(출현)'을 표현한 문장이에요. 이때에 나타남(출현)을 의미하는 '来'에 동작 완료의 의미를 나타내는 '了'를 붙여서 출현이 완료되었음을 표현하게 되죠.

> 예 教室里进来了一位老师。 교실로 선생님 한 분이 들어오셨어요.
>
> 会议室里出现了一位陌生人。 회의실에 낯선 사람이 한 명 나타났어요.
>
> 学校里发生了一件事。 학교에 사건이 하나 생겼어요.

3. 사라짐(소실)을 표현할 때, 예로 '屋子里搬走了两张床。'은 '방(屋子里)'에서 '침대 두 개(两张床)'를 가지고 가버렸다는 '사라짐(소실)'을 표현한 문장이에요. 이때 '옮기다(搬)'에 '가지고 가버리다(走)'와 완료의 의미를 나타내는 '了'를 붙여 사라짐이 완료됨을 표현하게 되요.

> 예 教室里少了两个桌子。 교실에 책상 두 개가 줄었어요.
>
> 树上飞走了一只黑鸟。 나무 위의 검정새 한 마리가 날아갔어요.
>
> 现场跑了一个犯人。 현장에서 범인이 도망쳤어요.

따라서 존재의 표현에는 지속의 '着'를 함께 쓰고, 나타남(출현)과 사라짐(소실)의 표현에는 완료의 '了'를 함께 사용하는 것을 알 수 있어요!

셰프의 Q&A

Q1 Chef! '路上有很多人。'과 '路上围着很多人。'은 모두 존재표현인데, 차이가 있나요? 차이가 있다면 어떠한 차이가 있는지요?

A1 네~ 차이가 있어요!

'路上有很多人。'은 존재문으로 길에 많은 사람이 있는지에 대한 존재의 의미만을 표현해요. 반면 '路上围着很多人。'은 존현문으로 길에 많은 사람이 있는데 많은 사람들이 '둘러싸고 있다'는 존재 의미 외에도 구체적인 상황까지 상세하게 표현되는 문장이에요. 즉 존재의 의미는 동일하지만 '有'와 '围着'의 의미 차이로 이해하면 되요.

Part 3

Main dish

기본적인 표현을 해 보아요!

① 시간표현

시간명사, 시간부사, 전치사구 新HSK 2급, 国际大纲 2~3급

① 메뉴

우리의 일상은 시간의 흐름 속에 있어 시간을 점으로 표현한다면 그 점들이 모여 일상이 될 거예요. 우리가 누군가와 만날 약속을 하거나 일과의 스케줄을 잡아야 할 때 '내일 오후 3시에 만나!', '오늘 3시에 미팅하죠.'처럼 자연스럽게 시간을 표현하게 되고, '저는 아침 7시에 일어나요.' 등의 일과를 말할 때에도 꼭 시간을 언급하게 돼요. 그 밖에도 '그는 벌써 20살이 되었어요.'에서 '벌써'나 '기차가 곧 출발하려고 해요.'에서 '곧' 등도 시간과 관련된 표현이라고 할 수 있어요. 이처럼 시간표현은 빈번하게 사용하고 또 종류도 다양한데요, 중국어로는 어떻게 표현하게 될까요? 바로 시간명사와 시간부사로 각각 표현해요!

그는 8시에 일어나요.	▶	부사어(시간명사)
저는 오늘 6시에 벌써 일어났어요.	▶	부사어(시간부사)
그는 11살 때부터 축구하기 시작했어요.	▶	부사어(전치사구: 시간)

② 재료

🍲 주재료 ✿✰

시간표현의 재료(시간명사, 시간부사, 전치사)

시간명사				
明年	3月11号(日)	今天	星期一	十点
míngnián	sān yuè shíyī hào(rì)	jīntiān	xīngqīyī	shí diǎn
내년	3월 11일	오늘	월요일	10시

시간부사						
刚	先	还	就	才	马上	已经
gāng	xiān	hái	jiù	cái	mǎshàng	yǐjing
방금	우선, 먼저	아직	바로, 이미	비로서, 이제서야	바로	이미

시간의미 전치사		
在	离	从
zài	lí	cóng
~(어느 시점)에	~(언제)까지	~(언제)부터

③ 레시피

> 시간명사 + 주어 + 시간명사/부사/전치사구 + 동사

레시피 I   그는 8시에 일어나요.

1
起床

술어 '일어나다'는
이합사 '起床'으로 표현해
주세요.

▶

2
他起床

술어 '起床'의 주어 '그(他)'를
술어 앞에 표현하세요.

▶

3
他八点起床。

'8시(八点)'는 시간명사로 주어
'他'의 앞이나 뒤 모두 표현이
가능해요.

저는 오늘 6시에 벌써 일어났어요.

1	2	3	4
起床	我起床	我今天 六点起床	我今天六点 就起床了。
술어 '일어나다'는 이합사 '起床'으로 표현해 주세요.	술어 '起床'의 주어 '나(我)'를 술어 앞에 표현하세요.	'오늘 6시(今天六点)' 는 시간명사로 주어 '我'의 앞이나 뒤 모두 표현이 가능해요.	'벌써 ~했어요'는 부사 '就'를 '起床' 앞에 두어 표현하고, 문장 끝에 어기조사 '了'를 붙여 표현하면 완성!

그는 11살 때부터 축구하기 시작했어요.

1	2	3	4
开始	从11岁 开始	从11岁开始 踢足球	他从11岁 开始踢足球。
술어 '시작하다'는 '开始'로 표현해 주세요.	'11살부터'는 전치사 '~로부터(从)'와 '11살(11岁)'을 함께 전치사구로 술어 '开始' 앞에 넣어 표현할 수 있어요.	'축구하는 것을 시작 하다'를 표현하기 위해 '축구하다(踢足球)'를 술어 '开始' 뒤에 두어 목적절로 표현하세요.	'开始踢足球'의 주어 '그(他)'를 전치사구 앞에 표현하면 완성!

그는 몇 살 때부터 축구하기 시작했어요? [의문사의문문]

1	2	3	4
开始	从几岁 开始	从几岁开始 踢足球	他从几岁 开始踢足球?
술어 '시작하다'는 '开始'로 표현해 주세요.	'몇 살부터'는 전치사 '~로부터(从)'와 '의문대 명사 몇(几) + 세(岁)'를 함께 써 전치사구를 만들어 술어 '开始' 앞에 넣어 표현할 수 있어요.	'축구하는 것을 시작 하다'를 표현하기 위해 '축구하다(踢足球)'를 술어 '开始' 뒤에 두어 목적절로 표현하세요.	'开始踢足球'의 주어 '그(他)'를 전치사구 앞에 표현하면 완성!

④ 셰프의 Tip

중국어의 시간표현은 시간명사, 시간부사, 시간의미 전치사구 등으로 표현할 수 있어요. 중국어의 기본어순 '주어+술어+목적어'에서 시간표현은 주어 뒤, 술어 앞에서 부사어로 표현이 되고, 예외로 시간명사는 주어 앞, 뒤 모두 표현이 가능해요.

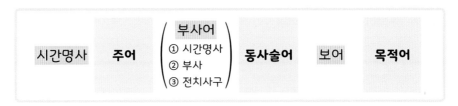

* 부사어 자리에 시간명사, 부사, 전치사구가 동시에 나올 경우, ①-②-③의 순서로 나열하면 됨. 조동사가 있을 때에는 ①-②-조동사-③의 순서로 나열하면 됨

1. 시간을 표현하는 시간명사는 주어 앞 또는 주어 뒤, 술어 앞에서 부사어로 쓰이며, 동작이 발생한 시점이나 시간에 대한 구체적인 정보를 표현해요. 시간명사로는 날짜, 요일, 시각 등이 있고, 이들도 시제를 표현할 수 있어요.

> **예** 我晚上回家。　　나는 저녁에 집에 돌아가요.
>
> 明年他们毕业。　　내년에 그들은 졸업해요.
>
> 他晚上十点睡觉。　　그는 저녁 10시에 자요.

2. 시간을 표현하는 시간부사도 부사어로서 동사술어를 수식하여 시간의 의미를 구체적으로 표현하게 해요. 시간부사로는 '还', '已经', '先', '马上', '就', '才' 등이 있어요.

> **예** 他们还没下班呢。　　그들은 아직 퇴근하지 않았어요.
>
> 他们已经下班了。　　그들은 이미 퇴근했어요.
>
> 请您先走。　　당신이 먼저 가세요.
>
> 火车马上就要开了。　　기차가 곧 출발하려고 해요.

3. 시간표현의 전치사구(전치사와 시간사)도 동사술어 앞에서 동사술어를 수식하여 시간표현을 해요.

> **예** 他从2015年开始学汉语。　　그는 2015년부터 중국어를 배우기 시작 했어요.
>
> 我们每周星期一从9点开始开会。　　우리는 매주 월요일마다 9시부터 회의를 시작해요.
>
> 他离毕业还有两个月。　　그는 졸업까지 아직 두 달이 남았어요.
>
> 我在十点有汉语课。　　나는 10시에 중국어 수업이 있어요.

셰프의 Q&A

Q1 **Chef!** '我 7 点就起床。'과 '我 7 点才起床。'은 부사 '就'와 '才'의 차이만 보이는데, 두 부사의 의미 차이가 큰가요?

A1 네~ 큰 의미 차이가 있습니다!

부사 '就'는 '이미, 벌써'의 의미로 일이 순조롭게 진행됨을 표현하는 반면 '才'는 '비로서, 이제서야'의 의미로 일이 순조롭지 못함을 표현해 의미에서 큰 차이가 있어요.

따라서 '我今天7点起床。(나는 7시에 일어난다.)'의 의미는 공통되지만 '就'가 쓰인 문장은 '今天 10点有课，我7点就起床了。(오늘 10시에 수업이 있는데 7시에 벌써(일찍이) 일어났다.)'의 의미로 쓰이고, 반면 '才'는 '今天7点有课，我7点才起床。(오늘 7시에 수업이 있는데 7시가 돼서야 (늦게) 일어났다.)'으로 쓰여요. 이처럼 부사 하나로 문장 전체의 의미가 완전히 달라지는 것을 알 수 있지요!

Q2 **Chef!** '我还要去超市。'와 '我还他他的书。'의 두 문장에서 모두 '还'가 쓰였는데 의미가 다른 것 같아 혼란스럽습니다. 어떤 차이가 있는 건지요?

A2 네~ 의미가 완전히 달라요!

중국어에서는 한자 한 글자가 다양한 의미로 쓰이는 경우가 있어요. 이를 '다의어'라고 하는데요, 뜻만 다른 것이 아니라 의미에 따라 발음까지 다른 경우가 많아요.

'还'가 부사로 쓰이면, '아직, 또, 더, 여전히', '일찍이, 벌써' 등의 의미를 가진 'hái'로 발음되며 술어 앞에 쓰여 동작이나 상태가 지속되거나 시간이 이른 것을 나타내요. 하지만 동사로 쓰이면, '~에게 ~을 돌려주다'의 의미를 가진 이중목적어 동사술어가 되어 'huán'으로 발음되며 시간의 의미와는 무관해져요. 따라서 '我还要去超市。(나는 또 마트에 가려고 해.)'에서 '还'는 부사로 'hái'로 발음되며 '또, 더'의 의미로 쓰였고, '我还他的书。(나는 그의 책을 그에게 돌려주었다.)'에서 '还'은 'huán'으로 발음되며 '돌려주다'는 의미의 '그에게(간접목적어)'와 '그의 책(직접목적어)'의 두 가지 목적어를 가질 수 있는 이중목적어 동사술어랍니다.

☑ 대상·범위표현

전치사구 新HSK 1~2급, 国际大纲 2~3급

① 메뉴

우리는 일상 속에서 다양한 상황을 접하고 주변 사람들과 수많은 동작을 함께하게 되지요. 이때 상대방에게 '~에게'라는 표현을 자주 하게 될 거예요. 우리말에서는 어떤 상황이든 '~에게'로 간단하게 표현되지만, 중국어에서는 의미와 기능에 따라 각기 다른 전치사를 써야 해요. 중국어에서 '~에게'의 의미로 쓰이는 전치사들로는 '跟 / 和', '给', '对'가 있는데, 각각 그 의미와 문장 안에서의 특징을 정확히 알아야만 올바른 표현을 할 수 있어요.

다음 예문을 보면 우리말에서는 다 같은 대상표현 '~에게'가 중국어에서는 각기 다른 전치사로 표현되는 걸 볼 수 있어요. 이번 장에서는 다양한 대상표현의 용법을 확실하게 알아봐요.

나는 그와 함께 물건을 사러 가요.	▶	대상표현(~에게/ 동반)
제가 아버지에게 전화를 걸어요.	▶	대상표현(~에게/ 단방향)
제가 그에게 말할게요.	▶	대상표현(~에게/ 범위·영역)

② 재료

🍲 주재료 ✿✿

대상표현의 재료(전치사)			
跟	和	给	对
gēn	hé	gěi	duì
~와 (~하다)		~에게 (~하다)	~에게 (~하다)

③ 레시피

> **주어 + 전치사구 + 동사술어 + 목적어**
> (전치사 + 명사)

레시피 Ⅰ 나는 그와 함께 물건을 사러 가요.

①

去

술어 '가다'는
'去'로
표현해요.

▶

②

去买东西

'물건을 사러 가다'는
연동문을 이용해
시간 발생 순서대로
'去+买东西'로
표현하세요.

▶

③

跟他一起去买东西

'그와 함께'를 표현하기
위해 전치사 '~와(跟)'와
'그(他)'를 전치사구로
묶고,
부사 '一起'와 함께
술어 '去买东西' 앞에
표현해 주세요.

▶

④

我跟他一起去买东西。

주어 '나(我)'를 문장
맨 앞에 표현하면 완성!

레시피 Ⅱ 나는 아버지께 전화를 걸어요.

①

打

술어
'(전화를) 걸다'는
'打'로 표현해요.

▶

②

打电话

'전화를 걸다'는
'전화(电话)'를
술어 '打' 뒤에
표현하세요.

▶

③

给爸爸打电话

'아버지께'를 표현하기
위해 전치사 '~에게(给)'와
'아버지(爸爸)'를
전치사구로 묶어
술어 '打' 앞에
표현해 주세요.

▶

④

我给爸爸打电话。

주어 '나(我)'를 문장
맨 앞에 표현하면 완성!

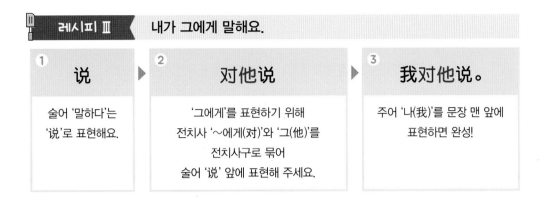

레시피 Ⅲ 내가 그에게 말해요.

1 说

술어 '말하다'는
'说'로 표현해요.

▶

2 对他说

'그에게'를 표현하기 위해
전치사 '〜에게(对)'와 '그(他)'를
전치사구로 묶어
술어 '说' 앞에 표현해 주세요.

▶

3 我对他说。

주어 '내(我)'를 문장 맨 앞에
표현하면 완성!

④ 셰프의 Tip

1. 대상·범위 의미의 전치사구도 앞서 배운 시간표현과 동일하게 중국어 기본어순인 '주어+술어+목적어'의 구조에서 주어 뒤, 술어 앞에 부사어(전치사구)로 위치해요.

주어	부사어 ・전치사구	동사술어	목적어

2. 전치사 '跟/和', '给', '对'는 대상을 표현하는 전치사로, 모두 '〜에게'의 의미이지만 기능에 약간의 차이가 있어요. 다음의 차이를 살펴보세요.

① 跟/和: 주어와 전치사(跟/和)의 대상이 '함께' 동작을 할 경우 쓰임

⟩예⟨ 我跟他一起学英语。　나는 그와 함께 영어를 공부해요.
　　我和我妈妈一起去旅游。　나는 우리 엄마와 함께 여행을 가요.
　　我和他一起工作。　나는 그와 함께 일해요.

跟/和

② 给: 전치사(给) 뒤의 대상에게 단방향성 동작이 진행되는 경우 쓰임

> **예** 他给我们讲当地的经济。 그가 우리에게 현지의 경제를 강의해요.
>
> 他给我讲的故事都是真的。 그가 나에게 들려준 이야기는 모두 사실이에요.

③ 对: 전치사(对) 뒤에 나오는 대상의 범위나 영역에 대해 동작이 진행되는 경우 쓰임

> **예** 她对旅行感兴趣。 그녀는 여행에 관심이 많아요.
>
> 我想对中国历史进行学习。 나는 중국 역사에 대해 공부를 좀 하고 싶어요.
>
> 她对电脑游戏很感兴趣。 그녀는 컴퓨터게임에 관심이 매우 많아요.

Q1 **Chef!** '老师对我们很好。'와 '游泳对身体非常好。'라는 문장에 모두 전치사 '对'가 쓰였는데, 주어가 사람이 아닌 경우에도 쓰일 수 있나요?

A1 네~ 가능해요~!

전치사 '对'는 사람이 주어인 경우인 '老师对我们很好。(선생님은 우리에게 잘해주신다.)'에서 '주어가 '对' 뒤의 대상에게'라는 의미로 쓰였어요. 반면 '游泳对身体非常好。(수영은 건강에 좋다.)'에서의 의미는 '주어는 건강(身体) 분야, 영역에 대해'로 이해하면 돼요. 따라서 사람 주어가 아니어도 가능하답니다!

Q2 **Chef!** '对', '对于', '关于' 모두 '~에 관하여'의 의미인데 '游泳对身体非常好。'의 '对'와 '游泳关于身体非常好。'의 '关于'는 쓰임이 같은가요?

A2 비슷하나 조금 차이가 있어요~!

'游泳对身体非常好。'와 '游泳对于身体非常好。'의 '对', '对于'는 모두 대상(身体)과 함께 전치사구로 쓰일 수 있어요. 단 '关于'는 의미는 유사하나 문장 내 위치에 차이가 있지요. 예로 '关于'는 '关于中国历史，我不太了解。'에서처럼 어떤 분야나 영역(中国历史)과 함께 문장 맨 앞에 써야 해요. 따라서 유사한 의미의 전치사이지만 '对', '对于', '关于'의 의미 기능과 문장구조에는 차이가 있으므로 유의해야 해요!

Part 3

3 공간 · 방향 · 거리표현

전치사구 新HSK 1~2급, 国际大纲 2급

1 메뉴

우리는 공간에 머무르고 공간과 공간 사이를 이동하며 일상을 보내죠. 어떤 공간에 머무르거나 어떤 공간으로 이동하며 방향을 나타내는 경우는 중국어로 어떻게 표현해야 할까요? 예로 '저는 주말에 집에서 책을 봐요.'와 같이 어떤 공간에 머무르고 있는 공간표현이나 '그는 막 중국에서 돌아왔어요.'와 같이 이동을 나타내는 이동방향의 표현도 있어요. 이때 중국어로는 장소 및 방향과 관련된 전치사에 장소를 함께 써서 동작이 일어나는 공간이나 이동 방향을 표현해요. 이와 같은 공간이나 방향에 대한 표현에 대해 함께 알아봐요.

그녀는 그 병원에서 근무해요.	▶	공간표현(전치사구)
그는 막 중국에서 돌아왔습니다.	▶	방향표현(전치사구)
우리 집은 여기에서 매우 멀어요.	▶	거리표현(전치사구)

2 재료

주재료 ✦✧

공간·방향·거리표현의 재료

공간·방향·거리표현 전치사

在	往	向	朝	从	离	到
zài	wǎng	xiàng	cháo	cóng	lí	dào
~에서	~으로, ~을 향해			~(으)로부터		~까지

거리표현 형용사	
近	远
jìn	yuǎn
가깝다	멀다

③ 레시피

주어 + 전치사구 + 동사술어 + 목적어
(전치사 + 명사)

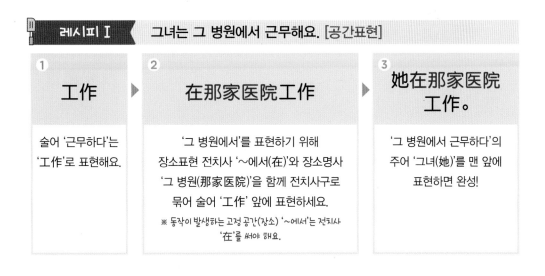

레시피 Ⅰ 　그녀는 그 병원에서 근무해요. [공간표현]

1 工作

술어 '근무하다'는 '工作'로 표현해요.

2 在那家医院工作

'그 병원에서'를 표현하기 위해 장소표현 전치사 '~에서(在)'와 장소명사 '그 병원(那家医院)'을 함께 전치사구로 묶어 술어 '工作' 앞에 표현하세요.

※ 동작이 발생하는 고정 공간(장소) '~에서'는 전치사 '在'를 써야 해요.

3 她在那家医院工作。

'그 병원에서 근무하다'의 주어 '그녀(她)'를 맨 앞에 표현하면 완성!

그는 막 중국에서 돌아왔습니다. [방향표현]

1

回来

술어
'돌아오다'는
'回来'로
표현해요.

▶

2

从中国回来

'중국에서'를 표현하기
위해 전치사 '~에서(从)'와
출발 장소 '중국(中国)'을
진지사구로 묶어
술어 '回来' 앞에
표현하세요.

※ 동작이 시작되는 출발 장소
'~에서'는 전치사 '从'을
써야 해요.

▶

3

刚从中国
回来

'막'은 부사 '刚'을
전치사구 '从中国' 앞에
표현해 주세요.

※ 부사어가 여러 개인 경우
'부사 → 조동사 → 전치사구'의
순서로!

▶

4

他刚从
中国回来。

'중국에서 돌아오다'의
주어 '그(他)'를 맨 앞에
표현하면 완성!

우리 집은 여기에서 매우 멀어요. [거리표현]

1

很远

술어
'매우 멀다'는
'很远'으로
표현해요.

▶

2

离这儿很远

'여기에서'를 표현하기 위해 전치사
'~에서(离)'와 목적지 '여기(这儿)'를
전치사구로 묶어 술어 '很远' 앞에
표현하세요.

※ 거리 표현을 위한 장소 '~에서'는 전치사 '离'를 써야 해요.

▶

3

我家离这儿
很远。

'여기에서 멀다'의 거리 기준이
되는 주어인 '우리집(我家)'을
맨 앞에 표현하면 완성!

---

④ 셰프의 Tip

중국어의 공간 및 이동표현은 주로 전치사로 표현하는데 각각 공간표현, 방향표현, 거리표현으로 구분하여 알아봐요.

1. **공간표현**: 특정장소에서 동작이 발생하는 것을 나타내며, 주로 전치사 '在'로 표현해요.

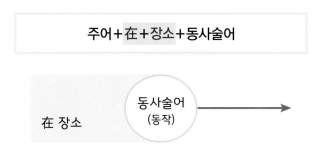

> **예** 我在图书馆查以前的新闻资料。 나는 도서관에서 이전 신문 자료를 찾아요.
>
> 他在火车站等了她一个小时了。 그는 기차역에서 그녀를 한 시간 동안 기다렸어요.

2. **이동표현**: 이동방향, 출발장소, 도착장소 등 동작의 이동을 나타내며, 주로 전치사 '从', '到', '往', '向', '朝'로 표현해요.

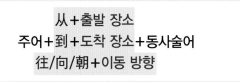

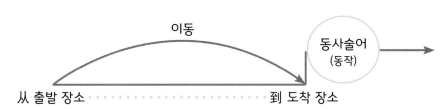

> **예** 从…到… : 从这儿到王府井怎么走? 여기에서 왕푸징까지 어떻게 가요?
>
> 从学校到机场，坐出租车要一个小时。
> 학교에서 공항까지 택시를 타고 한 시간 걸려요.
>
> 往 : 往右拐。 오른쪽으로 꺾으세요.
>
> 我正往学校走呢，你们等我几分钟。
> 나는 학교 쪽으로 가는 중이야. 너희들 몇 분만 나를 기다려줘.

向 : 你一直向北走。　당신은 북쪽으로 곧장 가세요.

对不起，我忘了向你介绍，她是我大学同学，叫小王。

최송해요. 제가 당신을 소개하는 걸 깜박 했네요. 그녀는 제 대학 동창이고, 샤오왕이라고 해요.

从办公楼向南走就是图书馆。　사무실에서 남쪽으로 걸어가면 바로 도서관이에요.

3. 거리표현: 장소와 장소 간의 거리를 나타내며 주로 전치사 '离'로 나타내고, 술어는 주로 형용사 '가깝다(近)', '멀다(远)'로 표현해요.

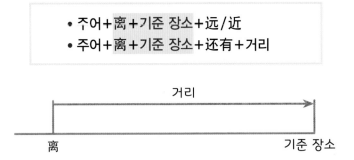

- 주어＋离＋기준 장소＋远／近
- 주어＋离＋기준 장소＋还有＋거리

거리

离　　　　　　　　　　　　　　　기준 장소

예 离 : 苏州离杭州远吗?　쑤저우는 항저우에서 먼가요?

离他家不太远。　그의 집에서 그다지 멀지 않아요.

👨‍🍳 셰프의 Q&A

Q1 **Chef!** '往'과 '向'도 '～으로'의 의미잖아요. 그런데 '孩子向妈妈跑过来。'는 맞는 표현이고 '孩子往妈妈跑过来。'는 틀린 표현이라고 하는데 어떤 차이가 있나요?

A1 네~ 의미가 같은 것처럼 보여도 차이가 있어요.

기본적으로 '往'과 '向'은 방위사와 함께 동작 이동의 방향을 표현해요. 예로 '他一直往前走。', '他一直向前走。'로 표현할 수 있어요. 하지만 '孩子向妈妈跑过来。'와 '孩子往妈妈跑过来。'의 경우 '向'은 '向＋妈妈(사람)'로 표현할 수 있으나, '往'의 경우 '往＋妈妈(사람)'로 표현할 수 없어요. '往'은 반드시 방위사와 함께 써야 하기 때문에 사람과 같이 쓰려면 '往＋妈妈(사람)＋这儿＝往妈妈这儿(방위사)'로 표현해서 명사에 장소어휘를 더해 장소화가 꼭 필요하고, 이렇게 해야 옳은 표현이라고 할 수 있어요!

Q2 Chef! '从'과 '离'는 모두 '~(으)로부터'의 의미로 공간적 거리를 표현하는 것 같은데 '我们从我家出发。', '我们离我家出发。'로 표현하면 틀리나요? 전치사 '从'과 '离'의 의미 차이가 있는 건가요?

A2 네~ 차이가 있습니다.

전치사 '从'과 '离'는 '~(으)로부터'로 의미는 비슷하나 문장 내에서의 기능과 역할에 차이가 있어 이들 전치사의 의미적 기능을 정확히 이해하고 표현해야 해요. 구체적으로 '从'은 이동할 때 출발 장소 '~(으)로부터'를 의미하고 출발 장소와 함께 뒤에 오는 이동의 동사술어를 수식해 줘요. 반면 '离'는 주어(장소)와 '离' 뒤에 나오는 장소까지의 거리가 '멀다', '가깝다'의 의미를 가져요. 결국 '从'은 출발 장소에서의 이동을 나타내고, '离'는 특정 장소와 그 밖의 장소와의 거리를 나타내지요.

예 从这儿到公司需要多长时间？　여기에서 회사까지 얼마나 걸려요?

公司离这儿有多远？　회사는 여기에서부터 얼마나 멀어요?

Q3 Chef! '离'는 공간적 거리를 표현한다고 했는데 '离上课还有一个小时。'나 '离春节还有半个月。'의 경우 '멀다', '가깝다' 등의 공간적 거리가 아닌 시간을 표현하는 것 같은데 이렇게도 사용할 수 있나요?

A3 네~ 가능해요.

'离'는 앞서 배운 것처럼 장소와 장소간의 공간적 거리를 주로 표현하나, 다음과 같이 시간적 거리도 표현할 수 있어요.

> **주어 + 离 + 기준 장소 + 还有 + 공간적 거리**
> **주어 + 离 + 시점 명사 + 还有 + 시간적 거리**

예 天安们离这儿还有五公里。　톈안먼은 여기에서 5킬로미터 더 걸려요. [공간적 거리]

离上课还有一个小时。　수업시간까지 1시간 더 남았어요. [시간적 거리]

离春节还有半个月。　춘제까지 아직 보름 남았어요. [시간적 거리]

4 완료 · 지속 · 경험표현

동태조사 新HSK 1~2급, 国际大纲 2급

① 메뉴

우리는 일상생활에서 어떤 일의 발생이나 진행 상황, 이후의 결과 등 의사소통을 더욱 정확하게 하기 위해 매우 구체적인 표현까지 해야 할 때가 있어요. 이때 어떤 일의 발생이나 진행 상황, 이후의 결과를 구체적으로 표현해야 정확하게 의사소통을 할 수 있지요.

예로 '나는 책을 두 권 산다.'는 문장만으로는 책을 이미 산 것인지, 앞으로 살 것인지 정확하게 알 수 없어요. 즉, 이미 발생해 완료된 상황이면 '나는 책을 두 권 샀다.'로 표현해야겠지요? 바로 이때 중국어에서는 동태조사 '了'로 완료된 상황임을 표현할 수 있어요. 그 외에도 '밖에 비가 내리고 있다.'와 같이 상태가 지속되고 있는 것을 나타내야 할 때는 동태조사 '着'로써 표현할 수 있고요. '나는 만리장성에 가 본 적이 있어요.'처럼 경험을 표현하고자 할 때는 동태조사 경험 '过'로 표현할 수 있지요. 이처럼 중국어에서는 동작 상황이 완료인지 지속인지 또는 경험인지를 표현할 때는 동태조사 '了', '着', '过'로써 나타낼 수 있는데 구체적으로 문장에서 어떻게 표현해야 하는지 함께 만들어 보기로 해요.

나는 책 두 권을 샀다.	▶	완료태 표현(了)
밖에 비가 내리고 있다.	▶	지속태 표현(着)
나는 만리장성에 가 본 적이 있다.	▶	경험태 표현(过)

② 재료

🍲 주재료 ✿✤

완료 · 지속 · 경험표현의 재료(동태조사)

완료			경험			지속		
了	le	~했다	过	guo	~한 적이 있다	着	zhe	~하고 있다

③ 레시피

주어 + 동사술어 + 동태조사 了/着/过 + 목적어

레시피 I　나는 책 두 권을 샀다.

1 买了

술어 '사다'는 '买'이지만 '샀다'라는 완료표현은 '买' 뒤에 동태조사 '了'를 붙여 '买了'로 표현해요.

2 买了两本书

'책 두 권을 샀다'를 표현하기 위해 목적어 '책 두 권(两本书)' 을 '买了' 뒤에 표현하세요.

3 我买了两本书。

'买了'의 주어인 '나(我)'를 술어 '买了' 앞에 표현하면 완성!

레시피 II　밖에 비가 내리고 있다.

1 下着

술어 '내리다'는 '下'이지만 '내리고 있다'라는 지속표현은 '下' 뒤에 동태조사 '着'를 붙여 '下着'로 표현해요.

2 下着雨

'비가 내리고 있다'를 표현하기 위해 '비'에 해당하는 '雨'를 '下着' 뒤에 표현하세요.

3 外面下着雨。

장소 '밖(外面)'을 '下着雨' 앞에 표현하면 완성!
※ '外面'은 장소 주어로 쓰였어요!

★ '비가 내리다'는 중국어로 '下雨'라고 해요. 즉 '雨'를 주어 자리에 표현하지 않아요. 이를 '무주어문'이라고 하는데, 예로 '비(눈)가 내린다', '바람이 분다' 등의 기상과 관련된 표현은 무주어문으로 쓰는 것을 꼭 기억하세요.

레시피 III　나는 만리장성에 가 본 적이 있다.

1 去过

술어 '가다'는 '去'이지만, '가 본 적이 있다'는 경험표현은 '去' 뒤에 동태조사 '过'를 붙여 '去过'로 표현해요.

2 去过长城

'만리장성에 가 본 적이 있다'를 표현하기 위해 목적어 '만리장성(长城)'을 '去过' 뒤에 표현하세요.

3 我去过长城。

'가 본 적이 있다(去过)'의 주어인 '나(我)'를 동사술어 '去过' 앞에 표현하면 완성!

④ 셰프의 Tip

동작의 상태표현은 동사술어 뒤에 동태조사(了, 着, 过)를 써서 동작의 완료, 지속, 경험을 표현하게 되요. 그럼 이제부터 동태조사 삼총사에 대해 자세히 배워 봐요!

1. **완료태 '了':** 동사술어 뒤에 동태조사 '了'를 붙여서 동작의 완료를 나타내요. 동태조사 '了'와 문장 끝 어기조사 '了'의 쓰임을 문장 구조를 통해 확인해 보면 다음과 같아요.

> ① 주어 + 동사술어 + 了 + 목적어 + 了
> ② 주어 + 동사술어 + 了 + 관형어(수량구) + 목적어
> ③ 주어 + 동사술어 + 了 + 목적어 , …

① 동사술어문에서 동태조사 '了'와 어기조사 '了'는 모두 완료의 의미를 나타내요. 특히 어기조사 '了'는 문장 종결의 의미도 나타내지요.

② 만약 종결의미의 어기조사 '了'를 쓰지 않을 경우에는 목적어를 수식하는 관형어가 있어야 해요.

③ 만약 ②의 관형어도 없는 문장이면 종속절을 가져야만이 완전한 의미를 표현할 수 있어요.

● 완료태 '了'가 있는 문장의 형식들을 다시 한번 살펴보아요.

긍정문	● 주어+동사술어+了+관형어+목적어+(了)。 예 我看了那部电影。 저는 그 영화 봤어요.
부정문	● 주어+没(有)+동사술어+목적어+(了)。 예 我没看那部电影。 저는 그 영화 안 봤어요. ※ '了'는 완료(과거)의 의미를 지녀서 부정의 '没'와 함께 표현하지 않음
일반의문문	● 주어+동사술어+了+목적어+吗? 예 你看了那部电影吗? 당신은 그 영화 봤어요?
정반의문문	● 주어+동사술어+了+목적어+没有? / 주어+동사술어+목적어+了+没有? 예 你看了那部电影没有? / 你看那部电影了没有? 당신은 그 영화 봤어요 안 봤어요?

● **Bonus+**

동작의 완료는 동태조사 '了'로 동작이 완료된 상태에 있다는 것만 나타내요. 따라서 특별히 시간을 명시하지 않으면 일반적으로 말한 당시 '현재'에 완료되었음을 나타내지요. 그러나 동작의 완료는 과거, 현재, 미래 어느 때이든 발생할 수 있으므로 특정 시점을 표현하고자 한다면 시간명사나 시간을 나타내는 어휘를 꼭 사용해 주세요.

예 昨天上午他们参观了博物馆。 어제 오전에 그들은 박물관을 참관했어요. [과거]

他们刚参观了博物馆。 그들은 막 박물관을 참관했어요. [현재]

明天上午他们参观了博物馆就去故宫。

내일 오전에 그들은 박물관을 참관하고 구궁으로 갈 거예요. [미래]

2. 지속태 '着': 동사 뒤에 동태조사 '着'를 붙여서 동작이나 동작 결과의 지속을 나타내요.

긍정문	● 주어+동사술어+着+목적어 。 예 她穿着连衣裙。 그녀는 원피스를 입고 있어요.
부정문	● 주어+没(有)+동사술어+着+목적어 。 예 她没穿着连衣裙。 그녀는 원피스를 입고 있지 않아요.
일반의문문	● 주어+동사술어+着+목적어+吗 ？ 예 她穿着连衣裙吗? 그녀는 원피스를 입고 있나요?
정반의문문	● 주어+동사술어+着+목적어+没有 ？ 예 她穿着连衣裙没有? 그녀는 원피스를 입고 있나요 안 입고 있나요?

● Bonus+

연동문에서 '着'는 '동사₁을 지속하면서 동사₂의 동작이 이뤄지는 상황'을 표현해요.

$$주어 + 동사술어_1 + 着 + (목적어) + 동사술어_2 + (목적어) 。$$

예 他躺着看书。 그는 누워서 책을 봐요.

他坐着睡觉。 그는 앉아서 자요.

3. 경험태 '过': 동사 뒤에 동태조사 '过'를 붙여서 동작의 경험을 나타내요.

긍정문	● 주어+동사술어+过+목적어 。 예 我吃过北京烤鸭。 저는 베이징카오야를 먹어 본 적이 있어요.
부정무	● 주어+没(有)+동사술어+过+목적어 。 예 我没吃过北京烤鸭。 저는 베이징카오야를 먹어 본 적이 없어요.
일반의문문	● 주어+동사술어+过+목적어+吗 ？ 예 你吃过北京烤鸭吗? 당신은 베이징카오야를 먹어 본 적 있어요?

정반의문문	주어+동사술어+过+목적어+没有?
	예 你吃过北京烤鸭没有? 당신은 베이징카오야를 먹어 본 적 있어요 없어요?

Bonus+

일반적으로 '过'는 '~해 본 적 있다'는 의미 외에 동작이 이미 종결했음을 나타내기도 하는데 이 때 '过' 뒤에 '了'를 붙일 수 있어요. 부정형일 때에는 '…过了'가 없어지고 '没(有)…'를 써요.

예 花已经开过了。 꽃이 이미 피었어요.

我们吃过晚饭，就下班了。 우리 저녁 먹고 나서 퇴근했어요.

A: 你吃过午饭了吗? 당신은 점심 먹었나요?
B: 还没吃呢。 아직 못 먹었어요.

셰프의 Q&A

Q1 **Chef!** 앞서 배운대로 동사술어문에서는 동사술어 뒤의 동태조사 '了'와 문장 끝의 어기조사 '了'가 모두 '완료'를 의미한다고 했는데, 그럼 '我学了两年的汉语。'와 '我学了两年的汉语了。'는 같은 의미여야 하잖아요. 그런데 의미가 조금 다른 것 같은데, 왜 그런 건가요?

A1 네~ 차이가 있어요!

동사술어문에서는 동태조사 '了'와 어기조사 '了'는 모두 '완료'를 의미해요. 하지만 이때 쓰인 동사가 지속동사(看, 学, 坐 등)인 경우 뒤 시량보어(**Part4** 참고)와 함께 쓰일 때 의미의 차이가 있어요.

① 我学了两年的汉语。

동태조사 '了'만 표현한 경우는 '(과거의 어느 시점에서) 2년간 중국어를 배웠다.'의 의미로 지금 현재와의 관계는 나타내지 않아요.

② 我学了两年的汉语了。

동태조사 '了'와 어기조사 '了'를 모두 써서 표현한 경우는 '(지금으로부터 2년 전 그 때부터 지금까지) 중국어를 배우고 있다.' 즉 '2년째 중국어를 배우고 있다.'의 의미예요.

과거
2년 전

현재

Q2 **Chef!** '我吃饭了。', '我是大学生了。', '我有男朋友了。'는 모두 동사술어문이며 어기조사 '了'를 사용하고 있는데, 모두 완료로 이해하면 될까요?

A2 **아닙니다. 차이가 있습니다.**

동사술어문 '我吃饭了。'의 '了'는 어기조사로 '완료'의 기능을 해요. 반면 '我是大学生。(나는 대학생이다.)'과 달리 '我是大学生了。(나는 대학생이 되었다.)'는 어기조사 '了'를 사용함으로써 '변화'를 나타내지요. 같은 예로 '我有男朋友。(나는 남자친구가 있다.)'와 달리 '我有男朋友了。 (나는 남자친구가 생겼다.)'도 어기조사 '了'를 통해 '변화'를 나타내요.

★ 어기조사 '了'의 '완료'와 '변화' 비교

'완료'의 어기조사 '了'		'변화'의 어기조사 '了'	
동사술어문	他去饭店了。 그는 식당에 갔어요. 她从中国回来了。 그녀는 중국에서 돌아왔어요.	명사술어문	现在六点了。 지금 6시가 됐어요. 今年二十了。 올해 스무 살이 됐어요.
		형용사술어문	天暖和了。 날씨가 따뜻해졌어요.
		是자문	我是老师了。 나는 선생님이 되었어요.
		有자문	我没有女朋友了。 나는 여자친구가 없어졌어요. (헤어졌어요.)

⑤ 진행 · 미래표현

진행부사, 가까운 미래 구문, 조동사 新HSK 2급, 国际大纲 2급

① 메뉴

중국어에서 동작의 상태표현으로는 앞서 배웠던 완료, 지속, 경험이 대표적이지만 그 밖에도 동작의 진행표현이나 미래표현 등 일상에서 동작의 상태를 더욱 구체적으로 표현하고 싶을 때가 있어요. 예로 '그는 농구를 하고 있다.'는 진행표현이나 '그는 곧 귀국하려고 한다.'는 가까운 미래 상황을 표현하는 경우가 그래요. 이때는 진행의 의미를 가지는 부사 '正', '在', '正在'와 문장 끝에 어기조사 '呢'로 표현해야 해요. 또 가까운 미래를 표현하기 위해서는 '要…了', '就要…了', '快要…了' 구문을 활용하여 표현해야 해요. 이처럼 동작의 진행, 가까운 미래를 표현하려 할 때 어떻게 표현해야 하는지 함께 만들어 보기로 해요.

그는 농구를 하고 있어요. ▶		
나는 영화를 보고 있는 중이에요. ▶		진행표현
그는 곧 귀국하려고 한다. ▶		가까운 미래
저는 베이징으로 유학을 가려고 해요. ▶		미래표현

② 재료

🍲 주재료 ✿✿

진행 · 미래표현의 재료(부사, 어기조사, 조동사)			
진행표현(부사, 어기조사)			
正 [진행부사]	在 [진행부사]	正在 [진행부사]	呢[어기조사]
zhèng	zài	zhèngzài	ne
마침 ～하는 중이다			

가까운 미래표현(부사, 조동사 + 어기조사)			
要…了	就要…了	快要…了	快…了
yào…le	jiùyào…le	kuàiyào…le	kuài…le
곧 ～하려고 한다			

미래표현(조동사)				
想	要	能	会	可以
xiǎng	yào	néng	huì	kěyǐ
～하고 싶다	～하려고 하다, ～할 것이다	～할 수 있다	～할 줄 알다	～할 수 있다, ～해도 좋다

③ 레시피

> 주어 + 正/正在 + 동사술어 + (목적어) + 呢

레시피 Ⅰ-1   그는 농구를 하고 있어요. [진행표현]

1
打

술어
'(구기종목을)
～하다'는 동사
'打'로 표현해요.

2
打篮球

'농구를 하다'를 표현
하기 위해 목적어 '농구
(篮球)'를 '打' 뒤에
표현하세요.

3
他打篮球

'打'의 주어인
'그(他)'를 동사술어
'打' 앞에 표현해
보세요.

4
他正在
打篮球呢。

'～하고 있다'는 진행
표현은 부사 '正' 또는
'正在'를 동사술어 앞에,
이기조사 '呢'를
문장 끝에 표현하면 완성!

나는 영화를 보고 있는 중이에요. [진행표현]

1 看

술어 '～를 보다'는 동사 '看'으로 표현해요.

2 看电影

'영화를 보다'를 표현하기 위해 목적어 '영화(电影)'를 '看' 뒤에 표현하세요.

3 我看电影

'看'의 주어인 '나(我)'를 동사술어 '看' 앞에 표현해 보세요.

4 我正在 看电影呢。

'～하는 중이다'라는 진행 표현은 부사 '正' 또는 '正在'를 동사술어 앞에, 어기조사 '呢'를 문장 끝에 표현하면 완성!

주어 + 要/就要/快要/快 + 동사술어 + (목적어) + 了

레시피 II 그는 곧 귀국하려고 한다. [가까운 미래표현]

1 回国

술어 '귀국하다'는 동사 '回国'로 표현해요.

2 他回国

'回国'의 주어인 '그(他)'를 동사술어 '回国' 앞에 표현해 보세요.

3 他快要回国了。

'곧 ～하려고 한다'는 가까운 미래표현은 '快要…了' 구문을 써서 '快要'는 동사술어 '回国' 앞에, 어기조사 '了'는 문장 끝에 표현하면 완성!

| 주어 + 조동사 + 동사술어 |

레시피 Ⅲ　저는 베이징으로 유학을 가려고 해요. [미래표현]

①	**②**	**③**	**④**
去北京	去北京留学	要去北京留学	我要去北京留学。
술어 '베이징으로 가다'는 동사구 '去北京(동사+목적어)'으로 표현해요.	'베이징으로 유학(留学)을 가다'는 동사구 '去北京' 뒤에 동사 '유학하다(留学)'를 표현하세요.	'~하려고 한다'는 미래표현은 조동사 '要'를 동사구 '去北京留学' 앞에 표현해 보세요.	'去北京留学'의 주어인 '나(我)'를 조동사 '要' 앞에 표현하면 완성! ※ 조동사(능원동사)는 가능, 희망, 바람 등을 표현하므로 미래표현이라 할 수 있어 조동사만으로도 가까운 미래표현이 가능해요!

④ 셰프의 Tip

1. 진행표현

- 正 : 바로 ~하고 있다
- 在 : ~을 하고 있다, 그 상태에 있다
  ➡ 비교적 오래 지속하고 있거나 습관적인 동작·행위의 진행을 나타냄
- 正在 : 막 ~하고 있는 중이다　➡ 비교적 짧은 순간적인 동작·행위의 진행을 나타냄

① 진행표현 문장은 다음과 같이 표현할 수 있어요.

긍정문	● 주어＋正/在/正在＋동사술어＋목적어＋呢。 예 我正在看那部电影呢。　저는 그 영화를 보고 있는 중이에요.
부정문	● 주어＋没(有)＋在＋동사술어＋목적어。 예 我没在看那部电影，我在看这部电影。 저는 그 영화를 보고 있지 않고, 이 영화를 보고 있어요. ※ 진행형의 부정형태는 부정부사 '没(有)'를 붙여서 표현해요. 이때 진행부사 '在'는 생략하지 않아도 되지만 '正'과 어기조사 '呢'는 생략해야 해요!
일반의문문	● 주어＋正/在/正在＋동사술어＋목적어＋吗？ 예 你在看那部电影吗？　당신은 그 영화를 보고 있나요?

② 동작의 지속과 진행을 나타낼 때는 지속의 조사 '着'와 진행을 나타내는 부사 '正(在)…呢'를 함께 쓸 수 있어요.

예 他正打着篮球呢。 그는 지금 농구를 하고 있어요.

他们正在谈着话呢。 그들은 지금 이야기를 하고 있어요.

③ 동작의 진행은 과거, 현재, 미래 어느 때라도 일어날 수 있어요. 그러나 '正在…呢'는 동작이 진행중에 있다는 것만을 나타내요. 따라서 문장 안에 시제를 나타내는 특별한 표현이 없으면, 일반적으로 말하고 있는 당시, 즉 '현재'에 발생한 것으로 생각하면 되지요. 발생한 때를 명확하게 나타내려면 시간명사나 시간을 나타내는 어휘로 시제로 표현해요.

예 他正在做实验。 그는 실험을 하고 있어요. [현재 진행]

昨天下午三点他正在做实验。 어제 오후 3시에 그는 실험을 하고 있었어요. [과거 진행]

上星期五我找他的时候，他正在做实验。
지난주 금요일 내가 그를 찾았을 때 그는 실험을 하고 있었어요. [과거 진행]

下星期五你找他的时候，可能他正在做实验。
다음 주 금요일 당신이 그를 찾을 때 아마 그는 실험을 하고 있을 거예요. [미래 진행]

2. 가까운 미래표현

'곧 ~하려고 한다'는 가까운 미래표현을 하고 싶을 때에는 '要…了', '快(要)…了', '就(要)…了'를 사용할 수 있어요. 이 중 '快要…了'는 시간의 절박함을 나타내기 때문에 구체적인 시간명사와 함께 쓰일 수 없는 반면 '就要…了'는 시간명사와 함께 쓰일 수 있어요.

예 我们明天快要回国了。(×)

我们明天就要回国了。 우리는 내일 귀국하려고 해요. (○)

3. 미래표현

중국어의 미래표현은 조동사(능원동사 能愿动词)를 써서 표현할 수 있어요. 각각의 조동사가 이미 가지고 있는 희망, 바람, 가능, 허락 등의 의미를 통해 미래표현이 가능하게 되지요.

예 她要去图书馆。 그녀는 도서관에 가려고 해요.

这儿可以拍照。 여기에서는 사진을 찍어도 되요.

明天可能下雨。 내일은 아마도 비가 올 것 같아요.

● Bonus+

미래표현 조동사는 다음과 같아요.

想 ~하고 싶다 / 要 ~하려고 하다, ~할 것이다 / 能 ~할 수 있다(가능) / 可以 ~할 수 있다(가능), ~해도 좋다(허락)

셰프의 Q&A

Q1 **Chef!** 진행표현은 지속을 나타내는 동태조사 '着'와 함께 쓰일 수 있다고 했는데 그럼 지속 표현 '墙上挂着一幅画儿。'을 '墙上正(在)挂着一幅画儿。'로 표현할 수 있나요?

A1 틀린 표현이에요!

'墙上正(在)挂着一幅画儿。'에서 동사 '挂(걸다)'는 동작결과의 상태를 나타낼 수는 있어도 동작의 진행을 나타낼 수는 없어요. 즉, 동작결과의 지속을 나타내는 경우 동태조사 '着'와는 쓸 수 있으나 동작의 진행을 나타내는 부사 '正(在)…呢'를 함께 쓸 수 없어요.

예 墙上挂着一幅画儿。（○）

墙上正(在)挂着一幅画儿。（×）

Q2 **Chef!** '我喜欢她。'라는 문장에 진행표현을 더해서 '我正(在)喜欢她呢。'로 표현할 수 있는 건지요?

A2 틀린 표현이에요!

진행표현은 동작을 나타내는 동사인 경우에만 표현이 가능해요. 그 외 진행표현에 쓰지 못하는 동사가 있는데 예를 들면 판단, 소유, 심리동사 등이 그러해요. 진행표현에 쓸 수 없는 동사를 정리하면 다음과 같아요.

판단, 소유, 존재 등 동사	是, 在, 有, 具有, 存在, 叫, 姓, 叫作, 属于, 等于…
감각, 지각 등 동사	知道, 认识, 感到, 感觉, 明白, 清楚, 懂…
심리활동 동사	怕, 喜欢, 羡慕, 可惜…
출현, 소실 동사	开始, 停止, 生, 死, 忘, 去, 掉…
방향 동사	来, 去, 进, 出, 过…

Traditional dish

맛깔스러운 표현을 해 보아요!

1 이동방향표현

방향보어 新HSK 3급, 国际大纲 4급

1 메뉴

단순한 동작을 표현할 수도 있지만, 어떤 동작이나 상황을 구체적으로 설명해야 하는 경우가 있지요. 예로 단순한 동작표현인 경우 '방에 들어오다'는 '들다'와 '오다'의 의미만 함께 표현해요. 그러나 구체적인 동작표현 '그가 위층으로 뛰어 올라갔습니다.'의 경우 '뛰다', '오르다', '가다'를 동시에 표현해야 하죠. 단순동작은 우리말 표현과 유사하지만 복합동작의 경우 중국어에서는 '방향보어'라는 어순적 특징에 맞게 표현해야 하죠. 그럼 우리 함께 동작의 방향표현을 한번 만들어 보도록 해요.

그녀가 뛰어왔습니다.	▶ 단순방향보어
제가 내일 사전을 가지고 오겠습니다.	▶ 단순방향보어(일반목적어)
아버지가 사과를 사 오셨습니다.	▶ 복합방향보어(일반목적어)
그가 위층으로 뛰어 올라갔습니다.	▶ 복합방향보어(장소목적어)

2 재료

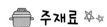 주재료 ✮✩

방향표현 재료(동사)

단순방향 동사			
동사+去(qù)	~가다	동사+来(lái)	~오다

복합방향 동사									
	上	下	进	出	回	过	起	+	来
	上	下	进	出	回	过	×	+	去
동사 +	上来 上去	下来 下去	进来 进去	出来 出去	回来 回去	过来 过去	起来		
	올라오다 올라가다	내려오다 내려가다	들어오다 들어가다	나오다 나가다	돌아오다 돌아가다	지나오다 지나가다	일어나다		

③ 레시피

> 주어 + 동사술어 + 일반목적어 / 장소목적어 + 去/来 (+ 일반목적어)

레시피 I-1 그녀가 뛰어왔습니다.

①
跑
동작 '뛰다(跑)'를 떠올려 보세요.

▶

②
跑来
'뛰어오다'를 표현하기 위해 동사술어 '跑' 뒤에 방향보어 '오다(来)'를 보완하여 표현해요.

▶

③
她跑来了。
'跑来'의 주어인 '그녀(她)'를 술어 앞에 표현하면 완성!
※ 완료의 표현이므로 동태조사 '了'를 문장 끝에 붙여 주세요!

레시피 I-2 제가 내일 사전을 가지고 오겠습니다.

①
拿
동작 '가지다(拿)'를 떠올려 보세요.

▶

②
拿来
'가지고 오겠습니다'를 표현하기 위해 동사술어 '拿' 뒤에 방향보어 '오다(来)'를 보완하여 표현해요.

▶

③
拿词典来
이때 가지고 올 '사전(词典)'은 미발생 상황이므로 '来' 앞에 표현해요.

▶

④
明天我拿词典来。
동작의 주어 '나(我)'는 술어 앞에 놓고, 동작 발생시점 '내일(明天)'을 주어 앞 또는 뒤에 표현하면 완성!

주어 + 동사술어 + 上/下/进/出/回/过/起/来 + 일반목적어 장소목적어 + 去/来 + 일반목적어

레시피 Ⅱ-1　　아버지가 과일을 사 오셨습니다.

①	②	③	④
买	买回来	买回来苹果	爸爸买回来苹果。
동작 '사다(买)'를 떠올려 보세요.	'사 오셨습니다'를 표현하기 위해 동사술어 '买' 뒤에 방향보어 '돌아오다(回来)'를 보완하여 표현해요.	'무엇을' 사 왔느냐를 표현해야 하는데 이미 발생한 상황이므로 '사과(苹果)'는 술어 뒤에 표현해요.	동작의 주어 '아버지(爸爸)'를 술어의 앞에 표현하면 완성!

레시피 Ⅱ-2　　그가 위층으로 뛰어 올라갔습니다.

①	②	③	④
跑	跑上去	跑上楼去	他跑上楼去了。
동작 '뛰다(跑)'를 떠올려 보세요.	'뛰어 올라갔습니다'를 표현하기 위해 동사술어 '跑' 뒤에 방향보어 '올라가다(上去)'를 보완하여 방향을 구체적으로 표현하세요.	뛰어 들어가는 장소 '위층(楼)'은 '上去'의 '去' 앞에 표현해요. ※ 방향보어에서 가장 중요한 부분이 바로 목적어의 위치인데, 장소목적어는 복합방향보어 사이에 위치해야 해요!	동작의 주어 '그(他)'를 술어 앞에 표현하면 완성! ※ 종결의 의미로 동태조사 '了'를 문장 끝에 붙여 주세요!

④ 셰프의 Tip

1. 방향성을 지닌 동작은 단순동작('걸어오다', '뛰어가다' 등)과 복합동작('뛰어서 올라가다', '걸어서 건너가다' 등)으로 나눌 수 있어요. 중국어에서 단순동작은 단순방향보어로, 복합동작은 복합방향보어로 표현해요.

① 단순방향보어

```
동작동사 + 去/来
```

> **예** 걸어오다 : 走+来
> 他走来了。 그가 걸어왔어요.
> 他出去了。 그가 나갔어요.

② 복합방향보어

```
동작동사 + 上/下/进/出/过/回/起 + 去/来
```

＊'起去'는 불가능

> **예** 뛰어서 올라가다 : 跑+上+去
> 我走过来了。 나는 걸어서 건너왔어요.
> 她搬进去了。 그녀가 이사 들어갔어요.

2. 단순방향보어와 복합방향보어가 목적어를 지닐 때는 그 목적어가 '일반사물'인지 '장소'인지를 구분하는 것이 매우 중요해요. 목적어가 '일반사물'인 경우 위치에 따라 동작의 발생여부를 구분할 수 있고, 목적어가 '장소'인 경우는 발생여부와 무관하게 위치가 고정임을 꼭 기억해야 해요.

① 단순방향보어

일반(사물) 목적어	● 동사+去/来+일반(사물)목적어 [발생] ● 동사+일반(사물)목적어+去/来 [미발생] **예** 他拿起咖啡杯，喝了一口。 그는 커피잔을 들고 한 모금 마셨어요. [발생] 她带来了数码相机。 그녀가 디지털카메라를 가지고 왔어요. [발생] 明天我拿平板电脑去吧。 내일 내가 태블릿을 가지고 갈게요. [미발생]

장소 목적어	● 동사 + 장소목적어 + 去/来 예 哥哥回家来了。　형이 (집으로) 돌아왔어요. 　我们回宿舍去吧。　우리 기숙사로 돌아가자.

② 복합방향보어

일반(사물) 목적어	● 동사 + 上/下/进/出/过/回/起 + 去/来 + 일반(사물)목적어 [발생] ● 동사 + 上/下/进/出/过/回/起 + 일반(사물)목적어 + 去/来 [미발생] 예 我昨天买回来一台电脑。 　내가 어제 컴퓨터를 한 대 사가지고 돌아왔어요. [발생] 　我明天买回一盒蛋糕来。 　내가 내일 케이크를 사갔고 올게요. [미발생]
장소 목적어	● 동사 + 上/下/进/出/过/回/起 + 장소목적어 + 去/来 예 他爬上山顶去了。　그가 꼭대기까지 올라갔어요. 　那个同学走进宿舍去了。　그 친구가 기숙사로 걸어 들어갔어요.

3. 부정형의 경우, 보어는 이미 발생한 동작에 대한 부정이므로 '没'로 부정해요.

단순방향보어 부정형	● 没(有) + 동작동사 + 去/来 예 她带来了数码相机。　그녀가 디지털카메라를 가져왔어요. 　▶ 她没带来数码相机。　그녀는 디지털카메라를 가져오지 않았어요.
복합방향보어 부정형	● 没(有) + 동작동사 + 上/下/进/出/过/回/起 + 去/来 예 哥哥回家来了。　형이 돌아왔어요. 　▶ 哥哥没回家来。　형은 돌아오지 않았어요.

셰프의 Q&A

Q1 **Chef!** Ⓐ 拿几支笔来，好吗? 펜 몇 개 가져와도 되나요?

Ⓑ 拿来了几支笔。 펜 몇 개 가져왔어요.

'几支笔'가 Ⓐ에서는 '来' 앞에 쓰였고, Ⓑ에서는 '来' 뒤에 쓰였는데, 의미는 같나요?

A1 의미 차이가 조금 있어요!

Ⓐ, Ⓑ 문장 모두 '拿(동사)+来(방향보어)'를 사용하고 있죠? 이때 목적어 '几支笔'의 위치에 따라 의미의 차이가 있는데 이때 두 가지로 나누어 볼 수 있어요.

① 동태조사 '了'나 어기조사 '了'가 붙은 경우: 두 문장 모두 이미 발생했음을 나타내므로 의미가 거의 동일해요.

> **예** 拿几支笔来了。 [어기조사– 완료]
>
> 拿来了几支笔。 [동태조사– 완료]

② 동태조사 '了'나 어기조사 '了'가 붙지 않은 경우: 목적어의 위치에 따라 완료와 미완료로 나뉘어요.

> **예** 拿几支笔来。[미완료]
>
> ➡ '几支笔'가 '来' 앞에 표현될 때 동작의 미완료를 나타냄
>
> 拿来几支笔。[완료]
>
> ➡ '几支笔'가 '来' 뒤에 표현될 때 동작의 완료를 나타냄

Q2 **Chef!** 일반적으로 '下课后，孩子们都跑出去了。'로 표현하는데 '下课后，孩子们都跑了出去。'로 표현해도 되나요? 틀린 표현인가요?

A2 아니에요~ 사용할 수 있어요.

일반적으로는 '下课后，孩子们都跑出去了。'처럼 어기조사는 문장 끝에 써요. 하지만 이 문장과 같이 목적어가 없는 경우는 '下课后，孩子们都跑了出去。'와 같이 동사와 방향보어 사이에 표현할 수도 있어요!

Part 4

2 결과표현

결과보어 新HSK 2급, 国际大纲 3급

① 메뉴

중국어로 동작을 표현할 때 동사 한 단어로만 의미를 전달할 수 없을 때가 있는데, 그런 경우 또 다른 보충성분을 써서 표현해야 해요. 특히 결과를 표현하려는 경우 동작표현 뒤에 동작의 결과를 보완할 수 있는 단어를 함께 표현해야 하죠. 이를 '결과보어'라고 해요. 이번 장에서는 결과의 의미를 보충한 동작을 표현해 보아요.

저는 제 시계를 찾았습니다.	▶	결과보어(긍정형)
저는 기말고사가 아직 끝나지 않았어요.	▶	결과보어(부정형)
너는 그 영화표를 구했니?	▶	결과보어(의문형)
너의 중국친구는 김치를 먹을 수 있니?	▶	결과보어(정반의문형)

② 재료

🍲 주재료 ✿✩

┌─ 결과표현의 재료(동사, 형용사) ─┐

결과보어(동사)

完	见	到	着	住	给	会	懂	成
wán	jiàn	dào	zháo	zhù	gěi	huì	dǒng	chéng
~다하다 [완료]	~보다 [감각]		~했다 [완료]		~주다	~할 줄 알다 [깨우침]	이해하다	이루다

결과보어(형용사)					
对	错	好	惯	清楚	干净
duì	cuò	hǎo	guàn	qīngchu	gānjìng
맞게 ~	틀리게 ~	잘 ~	~하는 데 적응되다	분명히 ~하다	깨끗하게 ~

③ 레시피

주어 + 동사술어 + 결과보어 + 목적어
(동사/형용사)

레시피 Ⅰ　　저는 제 시계를 찾았습니다.

① 找

② 找到

③ 我找到

④ 我找到 我的手表了。

① 동작 '찾다(找)'를 떠올려 보세요.

② '찾았다'를 표현하기 위해 동사 '找'에 목적달성의 의미를 가진 결과보어 '~았다(到)'로 결과를 보충해요.

③ '找到'의 주어인 '나(我)'를 술어 앞에 표현하세요.

④ '找到'한 사물 '제 시계(我的手表)'를 술어 '找到' 뒤에 표현하면 완성!

저는 기말고사가 아직 끝나지 않았어요.

① 考

동작 '시험 치다(考)'를 떠올려 보세요.

▶

② 考**完**

'시험이 끝났다'를 표현하기 위해 동사 '考'에 완료의 의미를 가진 결과보어 '완료하다(完)'로 결과를 보충해요.

▶

③ 还没考**完**

'아직 ~하지 않다'는 부정표현은 부사 '아직(还)'과 부정부사 '没'를 술어 앞에 놓아 표현하세요.

▶

④ 我还没考**完** 期末考试。

행위자인 '나(我)'를 술어 앞에, '기말고사(期末考试)'를 술어 뒤에 표현하면 완성!

너는 그 영화표를 구했니?

① 买

동작 '사다(买)'를 떠올려 보세요.

▶

② 买**到**

'구했다'를 표현하기 위해 '买'에 목적달성의 의미를 가진 결과보어 '到'로 결과를 보충해요.

▶

③ 你买**到**那个 电影票

'买到'의 주어 '너(你)'는 술어 앞에 놓고, 행위대상 '그 영화표(那个电影票)'를 술어 뒤에 표현하세요.

▶

④ 你买**到**那个 电影票了吗?

결과보어의 의문형 문장은 문장 끝에 의문조사 '了吗'를 붙여서 표현하면 완성!

너의 중국친구는 김치를 먹을 수 있니(먹는 것이 적응되었니)?

① 吃

동작 '먹다(吃)'를 떠올려 보세요.

▶

② 吃**惯**

'먹는 것이 적응되다'를 표현하기 위해 동사 '吃'에 '적응되다, 익숙해지다(惯)'로 결과를 보충해요.

▶

③ 你的中国 朋友吃**惯**泡菜

'吃惯'의 주어 '너의 중국친구(你的中国朋友)'는 술어 앞에 표현하고, 행위대상자 '김치(泡菜)'는 술어 뒤에 표현해요.

▶

④ 你的中国朋友 吃**惯**泡菜了没有?

결과보어 문장의 의문형은 의문조사 '吗'를 문장 맨 뒤에 넣은 것 이외에 '…了没有'를 붙여서 '정반의문문'으로 표현하면 완성!

4 셰프의 Tip

1. 결과보어는 동사술어 뒤에 쓰여 동작의 구체적인 결과를 나타내요. 결과보어로 쓰일 수 있는 품사로는 동사와 형용사가 있는데, 각각 어떤 단어들이 있는지 알아보아요!

① 결과보어로 쓰이는 주요 동사

동사	결과보어(동사)
看 kàn / 念 niàn / 读 dú / 谈 tán / 说 shuō / 学习 xuéxí / 翻译 fānyì / 写 xiě / 做 zuò / 改 gǎi / 抄 chāo / 画 huà / 吃 chī / 喝 hē / 买 mǎi / 卖 mài / 准备 zhǔnbèi / 用 yòng	+ 完
听 tīng / 看 kàn / 遇 yù / 碰 pèng / 望 wàng / 闻 wén	+ 见
开 kāi / 打 dǎ / 睁 zhēng / 拿 ná / 切 qiē / 翻 fān / 解 jiě / 推 tuī / 搬 bān / 敲 qiāo	+ 开
抓 zhuā / 拿 ná / 握 wò / 拉 lā / 捆 kǔn / 接 jiē / 站 zhàn / 停 tíng / 记 jì / 扶 fú / 绑 bǎng	+ 住
学 xué / 念 niàn	+ 会
听 tīng / 看 kàn / 读 dú / 弄 nòng / 搞 gǎo	+ 懂
买 mǎi / 借 jiè / 找 zhǎo / 睡 shuì	+ 着
看 kàn / 说 shuō / 追 zhuī / 找 zhǎo / 买 mǎi / 遇 yù / 碰 pèng / 请 qǐng	+ 到
做 zuò / 看 kàn / 当 dāng / 读 dú / 写 xiě / 建 jiàn / 译 yì / 翻译 fānyì	+ 成
留 liú / 传 chuán / 递 dì / 送 sòng / 交 jiāo / 租 zū / 还 huán / 寄 jì / 献 xiàn / 借 jiè / 读 dú / 输 shū	+ 给

예 你找着那些资料了吗? 당신은 그 자료들을 찾았어요?

我已经记住那个生词了。 나는 이미 그 단어를 기억했어요.

我送给女朋友一枚戒指。 나는 여자친구에게 반지를 선물해요.

② 결과보어로 쓰이는 주요 형용사

동사	결과보어(형용사)
念 niàn / 说 shuō / 翻译 fānyì / 写 xiě / 算 suàn / 回答 huídá / 做 zuò / 搞 gǎo	+ 对, 错
写 xiě / 翻译 fānyì / 算 suàn / 做 zuò / 放 fàng / 拿 ná / 坐 zuò / 准备 zhǔnbèi / 收 shōu / 安排 ānpái / 计划 jìhuà	+ 好
念 niàn / 说 shuō / 写 xiě / 看 kàn / 讲 jiǎng / 问 wèn	+ 清楚
洗 xǐ / 擦 cā / 收拾 shōushi / 打扫 dǎsǎo / 扫 sǎo	+ 干净
听 tīng / 看 kàn / 吃 chī	+ 惯
睁 zhēng / 张 zhāng	+ 大

예 我做好晚饭了。　저는 저녁밥을 다 차렸어요.

老师讲清楚了。　선생님이 분명하게 말씀하셨어요.

我吃香菜吃惯了。　나는 샹차이 먹는 데 익숙해졌어요.

2. 결과표현의 부정문과 의문문은 아래와 같이 만들어요.

● 我看完那部电影了。　저는 저 영화를 다 봤어요.

① 부정문 ▶ 我没看完那部电影。　저는 저 영화를 다 보지 않았어요.

　　※ '没'를 사용할 때는 동태조사 '了'는 쓸 수 없어요!

② 일반의문문 ▶ 你看完那部电影了吗?　당신은 저 영화를 다 봤나요?

③ 정반의문문 ▶ 你看完那部电影了没有?　당신은 저 영화를 다 봤나요 안 봤나요?

● 老师讲清楚了。　선생님께서 분명하게 말씀하셨어요.

① 부정문 ▶ 老师没讲清楚。　선생님께서 분명하게 말씀하지 않으셨어요.

　　※ '没'를 사용할 때는 동태조사 '了'는 쓸 수 없어요!

② 일반의문문 ▶ 老师讲清楚了吗?　선생님께서 분명하게 말씀하셨나요?

③ 정반의문문 ▶ 老师讲清楚了没有?　선생님께서 분명하게 말씀하셨나요 안 하셨나요?

셰프의 Q&A

Q1 **Chef!** '我听了他的声音。', '我听见了他的声音。', '我听到了他的声音。' 모두 '나는 그의 목소리를 들었다.'의 의미인데, 모두 같은 의미 맞나요?

A1 아니에요! 의미는 동일해 보이나 구체적으로 살펴보면 약간의 차이가 있어요!

① 我听了他的声音。
  ➡ 듣는 동작을 완료했음을 강조 [진술]

② 我听见了他的声音。
  ➡ 소리를 의식하지 않고 있었으나 들렸다는 의미가 있음 [감지]

③ 我听到了他的声音。
  ➡ 듣고자 하는 의지를 갖고 들었다는 목적 달성의 의미가 있음 [목적 달성]

Q2 **Chef!** '我洗干净了那个连衣裙。'의 문장에서 동태조사 '了'가 동사 뒤가 아닌 '동사+결과보어' 뒤에 있는데, 위치가 맞는 건가요?

A2 네~ 맞아요!

일반적으로 동태조사 '了'는 동사 뒤에 표현하죠. 하지만 결과보어가 쓰인 문장에서는 '동사술어와 결과보어'의 관계가 의미상 매우 긴밀하여 하나의 의미로 쓰이기에 동태조사의 위치는 '동사+결과보어' 뒤에 표현해야 해요. 단, 결과보어가 있는 문장에서는 동태조사 '了', '过'만 사용할 수 있고, '着'는 사용할 수 없어요.

예 我打开了那个箱子。 제가 저 상자를 열었어요.
他过惯了这种生活。 그는 이런 생활에 적응했어요.
他上个月在火车站遇见过以前的女朋友。 그는 지난달 기차역에서 예전 여자친구를 우연히 만났어요.

Part 4

3 가능표현

가능보어 新HSK 2급, 国际大纲 4급

① 메뉴

동작이 가능한지 불가능한지 표현하는 방법도 알아야 하겠죠? 예로, 동작 결과의 가능여부는 '알아들을 수 있다' 혹은 '알아들을 수 없다'로, 동작방향의 가능여부는 '돌아올 수 있다'와 '돌아올 수 없다'로 표현할 수 있지요. 중국어에서도 동작의 결과와 방향의 가능여부를 나타내는 표현이 있는데, 이런 표현들을 바로 '가능보어'라고 해요. 이번 장에서는 가능보어에 대해 알아보고 어순에 맞게 표현해 보아요.

글자가 너무 작아서, 저는 잘 안 보여요.	▶ 가능보어(결과보어: 부정문)
나는 인민일보를 알아볼 수 없어요.	▶
이렇게 많은 음식, 우리가 다 먹을 수 있을까?	▶ 가능보어(결과보어: 의문문)
그는 뛰어올라 갈 수 있어요.	▶ 가능보어(방향보어: 긍정문)

② 재료

🍲 주재료 ✿✫

가능표현의 재료(결과보어, 방향보어)

기능표현 (가능보어)	동사 +	得 de / 不 bu	+ 결과보어
		得 de / 不 bu	+ 방향보어

③ 레시피

주어 + 동사술어 + 得/不 + 결과보어/방향보어

레시피 I 글자가 너무 작아서, 나는 잘 안 보여요.

❶

字太小了

우선
'글자가 너무 작다
(字太小了)'라는
표현을 떠올려
보세요.

❷

字太小了,
看见

술어 '보인다'라는
가능의 표현은
'看见(동사＋결과보어)'
으로 표현해요.

❸

字太小了,
看不见

'볼 수 없다'라는
가능의 부정표현은
동사(看)와 결과보어
(见) 사이에
'不'를 넣어 표현하세요.

❹

字太小了,
我看不见。

'看不见'의 행위자
'나(我)'를 동사술어
앞에 표현하면 완성!

레시피 II 나는 인민일보를 알아볼 수 없어요.

❶

看懂

술어 '알아보다'는
'看懂(동사＋결과보
어)'으로 표현해요.

❷

看不懂

'알아볼 수 없다'라는
가능의 부정표현은
동사(看)와 결과보어
(懂) 사이에
'不'를 넣어 표현해요.

❸

我看不懂

'看不懂'의 행위자
'나(我)'를 술어 앞에
표현하세요.

❹

我看不懂
人民日报。

'看不懂'의 행위대상
'인민일보(人民日报)'를
목적어로 표현하면
완성!

레시피 Ⅲ ▶ 이렇게 많은 음식, 우리가 다 먹을 수 있을까?

①

这么多菜

우선 '이렇게 많은 음식 (这么多菜)'을 떠올려 보세요.

▶

②

这么多菜 吃完

술어 '다 먹다'는 '吃完(동사+결과보어)'으로 표현해요.

▶

③

这么多菜 吃得完

'다 먹을 수 있다'라는 가능의 긍정표현은 동사(吃)와 결과보어 (完) 사이에 '得'를 넣어 표현해요.

▶

④

这么多菜我们 吃得完吗?

'吃得完'의 주어 '우리(我们)'를 술어 앞에 표현하고, 의문표현은 문장 끝에 의문조시 '吗'를 붙여 표현하면 완성!

레시피 Ⅳ ▶ 그는 뛰어올라 갈 수 있어요.

①

跑上去

술어 '뛰어올라 가다'는 '跑上去(동사+방향보어)'로 표현해요.

▶

②

跑得上去

'뛰어올라 갈 수 있다'는 가능의 긍정표현은 동사(跑)와 방향보어 (上去) 사이에 '得'를 넣어 표현해요.

▶

③

他跑得上去。

'跑得上去'의 주어 '그(他)'를 술어 앞에 표현하면 완성!

---

④ 셰프의 Tip

1. 가능보어는 어떤 동작을 진행하거나 어떤 결과와 방향을 실현할 수 있는지의 여부를 나타내는
데, 다음의 두 종류로 사용될 수 있어요.

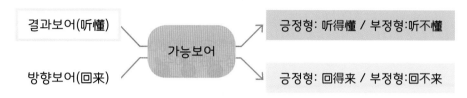

2. 가능보어의 목적어 위치는 '술어+가능보어' 뒤에 표현해요.

> 주어 + 술어 + 가능보어 + 목적어

> 예 我听不懂中文。 나는 중국어를 알아듣지 못해요.
> 我买不到那张电影票。 저는 그 영화표를 사지 못했어요.

3. 가능보어는 일반적으로 '把'자문, '被'자문에서 사용할 수 없어요. (* '把'자문, '被'자문은
Part 5에서 배울 예정이에요!)

> 예 我干得好这活。 ▶ 我把这活干得好。 (✕)
> 나는 이 일을 잘할 수 있다.
>
> 我把她的名字想出来了! ▶ 我把她的名字想得出来了! (✕)
> 저는 그녀의 이름이 생각났어요!
>
> 他听不懂这句话。 ▶ 这句话被他听不懂。 (✕)
> 그는 이 말을 못 알아들었어요.

4. 가능보어가 쓰이는 동사술어에는 '了', '着', '过'를 쓸 수 없어요!

5. 가능보어 중에서 자주 쓰여서 아예 한 단어처럼 쓰이는 표현들이 있는데, 이를 바로 상용가능보어라고 해요. 주요 상용가능보어 표현은 일일이 해석하려 하지 말고 바로 의미를 알 수 있도록 암기해 두면 도움이 되요!

상용가능보어	예문
동사 + 得了 / 동사 + 不了 (일의 발생·완성이) 가능하다/불가능하다	这么多的菜我吃不了。 이렇게 많은 음식은 나는 먹을 수가 없어요. 我忘不了那件事情。　나는 그 일을 잊을 수가 없어요. 你一个人做得了吗?　당신 혼자 할 수 있어요?
동사 + 得起 / 동사 + 不起 (돈·시간·힘 등이) ~할 여유가 있다/없다	那么贵的戒指，我买不起。 그렇게 비싼 반지를 나는 살 수 없어요.(살 여유가 없어요) 房子太贵了，上班族都买不起。 집이 너무 비싸네요. 월급쟁이는 다 살 수 없을 걸요.
동사 + 得上 / 동사 + 不上 (동작을) 성취 또는 실현할 수 있다/없다	这件衣服正合适，我穿得上。 이 옷은 정말 꼭 맞아서 내가 입을 수 있겠어요. 他跟不上我。　그는 나를 따라올 수 없어요.
동사 + 得下 / 동사 + 不下 (용량·크기 등이) ~할 수 있다/없다	那个教室坐得下一百个人。 저 교실에는 1백 명이 앉을 수 있어요. 这个房间太小，住不下三个人。 이 방은 너무 작아서 세 사람이 묵을 수 없어요.
동사 + 得动 / 동사 + 不动 움직일 수 있다/없다	这么重的包，你拿得动吗? 이렇게 무거운 가방을 당신이 들 수 있어요? 太累了，我已经走不动了。 너무 피곤해서 나는 이미 움직일 수 없어요.
동사 + 得住 / 동사 + 不住 (안정·정지 상태로) 유지할 수 있다/없다	我记得住。　나는 기억할 수 있어요. 我忍不住，哭了起来。　나는 참지 못하고 울어버렸어요.

셰프의 Q&A

Q1 **Chef!** '我不能说出来。' '我说不出来。'는 모두 '나는 말할 수 없어.'의 의미인 듯 한데, 같은 의미인가요? 조동사 '能'과 가능보어 모두 '가능'의 의미 아닌가요?

A1 아니에요, 쓰임에 차이가 있어요~

조동사 '能'의 긍정 의미는 가능보어의 긍정형과 유사해요. 따라서 긍정일 때에는 바꿔 쓸 수 있어요. 그러나 조동사 '能'이 쓰였을 때는 주로 '수동적인 의미'를 나타내고, 가능보어가 쓰였을 때는 좀 더 '능동적인 의미'를 나타낸다고 할 수 있어요. 예로 '那篇文章能听懂。'과 '那篇文章听得懂。'을 보면 둘 다 '이 글을 듣고 이해할 수 있어요.'로 의미가 같으나 부정형의 경우는 달라져요. 조동사의 부정형 '不能'과 가능보어의 부정형 '听不懂'은 바꿔 쓸 수 없어요. 즉, 부정형일 때 두 표현의 의미 차이가 있다고 할 수 있죠.

가능보어의 부정	我们汉语水平比较低，心理虽然有很多话，却说不出来。 <small>우리의 중국어 실력이 비교적 부족해서, 마음으로는 비록 할 말이 많지만 말이 나오지가 않아요.</small> ➡ 동작 발생(说)은 가능하지만 단지 그 동작의 결과상황을 부정함
	他(虽然能走，可)走不了一公里。 <small>그는 1km도 채 걷지 못했어요.</small> ➡ 걷기는 했으나 1km까지 걷지 못함
	那本书他看不完。 <small>그는 그 책을 다 보지 못했어요.</small> ➡ 책을 보기는 했으나 끝까지 읽지 못함
	他(虽然能等，可)等不了一个小时。 <small>그는 한 시간도 채 기다리지 못했어요.</small> ➡ 기다리기는 했으나 1시간까지 기다리지 못함
조동사의 부정	这件事情是我们之间的秘密，我不能说出来。 <small>이 일은 우리 사이의 비밀이라 나는 말할 수 없어요.</small> ➡ 그 동작(说)의 발생 자체에 대한 부정임

A2 완전히 다른 문법항목이에요!

위의 두 가지 문구는 구조와 의미에 모두 차이가 있어요. '做得好'는 가능보어 표현이고, '做得很 好'는 상태보어 표현이에요. 가능보어와 상태보어는 다음과 같이 구분해 볼 수 있어요.

	가능보어	상태보어
기능	동작의 결과나 방향의 가능성을 보충설명	동작의 상태에 관한 보충설명
	보어의 의미기능이 다름	
긍정문	做得好 ➡ 동작 결과의 가능을 의미	做得很好 ➡ 정도부사 '很'의 수식을 받을 수 있음
부정문	做不好 ➡ 동작 결과의 불가능을 의미	做得不好 ➡ '得' 뒤에 부정부사 '不'로 부정함
의문문	做得好吗? 做得好考不好? ➡ 정반의문문의 경우, '술어+보어' 구조 전체의 긍정형과 부정형을 병렬함	做得好吗? 做得好不好? ➡ 보어 내 술어 부분의 긍정형, 부정형을 병렬함

Part 4

4 정도·상태표현

정도보어, 상태보어 新HSK 2급, 国际大纲 4급

1 메뉴

상황을 묘사하거나 정도를 표현할 때는 '매우 ~하다' 혹은 '~해 죽겠다'라고 표현해요. 우리가 배운 '매우 피곤하다'는 중국어로 '很累'라고 하지만 '피곤해 죽겠다'는 어떻게 표현해야 할까요? 이처럼 피곤함의 정도가 매우 강함을 표현해야 하는 경우 중국어에서는 '정도보어'로써 표현해요. 반면 동작의 상태를 묘사하거나 상황을 설명하는 경우가 있죠. 예로 '아주 빨리 달린다.'나 '이 음식 아주 맛있게 만들었다.'는 등 동작의 상황을 묘사하여 보충하는 경우는 '상태보어'로 표현해요! 이 같은 정도표현이나 동작의 상황표현을 함께 만들어 볼까요?

나는 오늘 피곤해 죽겠어요.	▶	정도보어
나는 그를 만나서 너무 기뻤어요.		
그녀는 노래 부르는 것을 좋아해서, 노래를 정말 잘 부릅니다.	▶	상태보어
그는 아주 빨리 달린다.		

2 재료

🍲 주재료 ✬✩

───── 정도·상태표현 재료 ─────

정도표현(정도보어)					
형용사+ **'매우 ~하다'**	多 duō	极 jí	死 sǐ	坏 huài	透 tòu	慌 huāng
심리동사+ **'매우 ~하다'**	得多 de duō	得很 de hěn	得慌 de huāng	得不得了 de bùdéliǎo	得要命 de yàomìng	得要死 de yàosǐ

상태표현(상태보어)		
동사 +	구조조사 得 de	+ 구/ 문장

③ 레시피

① 주어 + 형용사술어 + 多/极/死/坏/透/慌

② 주어 + 동사술어 + 得多/得很/得慌/得不得了/
　　　　(심리동사)　　　得要命/得要死

레시피 I-1　　나는 오늘 피곤해 죽겠어요.

❶

累

술어
'피곤하다(累)'를
떠올려 보세요.

▶

❷

累死

'죽을 정도로 피곤하다'는
표현은 보어 '死'를
술어 뒤에 붙여
나타낼 수 있어요.

▶

❸

我累死

'累死'의 주어
'나(我)'를 술어 앞에
표현하세요.

▶

❹

我今天
累死了。

'累死'의 시점
'오늘(今天)'을
주어 앞 또는 뒤에
표현하면 완성!

레시피 I-2　　나는 그를 만나서 너무 기뻤어요.

❶

高兴

술어
'기쁘다(高兴)'를
떠올려 보세요.

▶

❷

高兴得不得了

'아주', '매우'의 정도는 술어 '高兴' 앞에
정도부사 '很'을 붙여 표현하면 되지만,
정도가 더 강한 경우는 술어 뒤에 정도보어
'得不得了'를 보충하여 표현할 수 있어요.

▶

❸

我见到他,
高兴得不得了。

'高兴得不得了'의 원인인
'나는 그를 만나서(我见到他)'를
문장 맨 앞에 표현하면 완성!

주어 + 동사술어 + 得 + 정도부사 + 형용사

레시피 Ⅱ-1 그녀는 노래 부르는 것을 좋아해서, 노래를 정말 잘 부릅니다.

① 唱

술어 '부르다(唱)'를 떠올려 보세요.

▶

② 唱得

'노래를 잘 부르다'라는 상황묘사를 위해 동사 '唱' 뒤에 구조조사 '得'를 보충해 표현할 수 있어요.

▶

③ 唱得很好

'잘 부르다'의 의미를 표현하는 보어 '很好'를 '唱得' 뒤에 표현해요.

▶

④ 她非常喜欢唱歌，唱得很好。

'唱得很好'의 원인인 '그녀는 노래 부르는 것을 좋아해서 (她非常喜欢唱歌)'를 문장 맨 앞에 표현하면 완성!

레시피 Ⅱ-2 그는 아주 빨리 달린다.

① 跑

술어 '달리다(跑)'를 떠올려 보세요.

▶

② 跑得

'아주 빨리 달린다'라는 상황묘사는 동사 '跑' 뒤에 구조조사 '得'를 보충해 표현할 수 있어요.

▶

③ 跑得很快

'아주 빨리 달리다'의 의미를 표현하는 보어 '很快'를 '跑得' 뒤에 표현해요.

▶

④ 他跑得很快。

'跑得很快'의 주어 '그(他)'를 문장 맨 앞에 표현하면 완성!

※ 일반적으로 행위자가 주어 자리에 오지만, 동시에 행위대상자도 강조를 할 경우 주어 자리로 이동할 수 있어요!

④ 셰프의 Tip

일반적으로 정도보어와 상태보어를 정도보어로 통칭하는 경우도 있으나, 의미 차이로 인해 구분해서 사용해야 중국어를 더 정확하게 표현할 수 있어요.

1. 정도보어

술어의 정도를 표현하기 위해 술어 뒤에서 정도를 보충해요. 정도보어의 술어는 주로 정도로 표현되는 형용사와 심리동사(예 想, 恨, 怕, 喜欢, 羨慕, 可惜 등)에 한해 쓰일 수 있어요. 참고로 정도보어는 부정문과 정반의문문이 없어요!

> - 형용사 + 极, 透, 死, 坏, 多
> - 심리동사 + 得多, 得很, 得慌, 得不得了, 得要命, 得要死
>   └→ 정도보어

예 上海的夏天热死了。　상하이의 여름은 정말 더워요.

百货店的东西贵得很。　백화점의 물건은 너무 비싸요.

我这几天忙得要命。　나는 요며칠 바빠 죽을 뻔했어요.

那个人讨厌得要命。　저 사람 정말 미워 죽겠어요.

2. 상태보어

동작의 상태 및 상황을 묘사하기 위해 동사술어 뒤에 구조조사 '得'를 먼저 쓰고 그 뒤에서 보어로써 상황을 보충 설명해요.

> 동사술어 + 得 + 정도부사 + 보어
>   └→ 상태보어

① 상태보어의 부정형, 일반의문형, 정반의문형은 구조조사 '得' 뒷부분의 성분을 변형시켜 표현해요.

긍정문	● 동사술어 + 得 + 很 + 보어 예 他说得很流利。　그는 유창하게 말해요. 他跑得很慢。　그는 느리게 뛰어요.

부정문	● 동사술어 + 得 + 不 + 보어 예 他说得不流利。 그는 말하는 게 유창하지 않아요. 他跑得不慢。 그는 뛰는 게 느리지 않아요.
의문문	● 동사술어 + 得 + 술어 + 吗? 예 他说得流利吗? 그는 말하는 게 유창해요? 他跑得慢吗? 그는 느리게 뛰나요?
정반의문문	● 동사술어 + 得 + 술어 + 不 + 술어? 예 他说得流利不流利? 그는 말하는 게 유창해요 안 유창해요? 他跑得慢不慢? 그는 느리게 뛰나요 빨리 뛰나요?

② 상태보어가 목적어를 갖는 경우, 다음의 세 가지로 표현할 수 있어요.

> ● **주어 + 동사술어 + 목적어 + 동사술어 + 得 + 상태보어**

예 他说汉语说得很流利。   그는 중국어를 유창하게 말해요.

➡ 목적어(汉语)는 술어(说) 뒤에 표현하고, 보어(得很流利)는 술어(说)를 한 번 더 반복해서 표현해요.

> ● **주어 + (동사술어) + 목적어 + 동사술어 + 得 + 상태보어**

예 他(说)汉语说得很流利。   그는 중국어를 유창하게 말해요.

➡ 목적어(汉语) 앞의 술어(说)는 뒤의 술어와 반복되므로 생략이 가능해요.

> ● **목적어 + 주어 + 동사술어 + 得 + 상태보어**

예 汉语他说得很流利。   그는 중국어를 유창하게 말해요.

➡ 목적어(汉语)를 강조하기 위해 맨 앞으로 이동하여 표현할 수 있어요. 이때 앞의 술어는 생략이 가능해요.

셰프의 Q&A

Q1 **Chef!** '她很漂亮。'과 '她漂亮得很。'은 모두 정도부사 '很'으로 '漂亮'을 수식하였는데 의미가 같은 건가요?

A1 비슷하기는 하나 정도의 차이가 있어요!

두 문장에서 '很'이 '漂亮'을 수식하는 것은 동일하나, 문장구조의 차이로 인한 정도의 차이가 있어요.

① 她很漂亮。
➡ 이 문장에서 '很'은 형용사술어 '漂亮'을 앞에서 수식하는 정도부사예요. 즉 '그녀는 예쁘다', '그녀는 매우 예쁘다'의 의미지요.

② 她漂亮得很。
➡ 이 문장에서의 '…得很'은 형용사술어 '漂亮'을 뒤에서 수식하는 정도보어예요. 따라서 '그녀는 너무 예쁘다', '그녀는 아주 예쁘다'로 예쁜 정도가 훨씬 더 강해요.

이 두 문장의 정도의 차이는 '她很漂亮。〈 她漂亮得很。'이라고 보면 되요.

Q2 **Chef!** 일반적으로 '考得好'와 '考得很好'는 구조가 비슷한 것 같은데, 의미도 비슷한가요?

A2 네! 의미도 차이가 있고, 두 가지는 서로 다른 문법항목이에요.

앞장에서 배운 가능보어의 구조와 상태보어의 구조가 유사하여 혼동할 수 있는데, 두 가지는 서로 다른 구조를 가지고 있어요. '考得好'는 가능보어로 '시험을 잘 볼 수 있다'는 미래에 있을 시험에 대한 가능의 의미이고, '考得很好'는 '시험을 잘 봤다'는 과거에 이미 본 시험에 대한 상태를 보충하여 나타내는 것으로 동작의 발생상황에 차이가 있음을 알 수 있어요.

	가능보어	상태보어
긍정문	考得好 시험을 잘 볼수 있다	考得很好 시험을 잘 봤다
부정문	考不好 시험을 잘 볼수 없다	考得不好 시험을 못 봤다
의문문	考得好吗? 시험을 잘 볼 수 있나요? 考得好考不好?	考得好吗? 시험을 잘 봤나요? 考得好不好?

Q3 **Chef!** '당신은 아주 빨리 말하네요.'라는 표현을 하려면 '你说得很快。'로 표현해야 하나요? 아니면 '你快说!'로 표현해야 하나요? 어휘는 비슷해도 어순에 차이가 있는 것 같은데, 그 의미에도 차이가 있나요?

A3 네! 의미도 차이가 있고, 두 가지는 서로 다른 문법항목이에요.

① 你说得很快。

➡ 문장의 '很快'가 동사 '说'의 상태를 보충설명하고 있어요. 즉 그가 말을 했고, 그 말을 한 결과 말이 너무 빨랐다는 것을 표현하죠. 이때 '很快'는 매우 빠름을 의미해요.

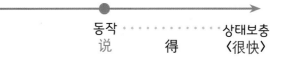

동작 ············· 상태보충
说   得   〈很快〉

② 你快说!

➡ 여기에서 '快'의 쓰임은 아직 발생하지 않은 동작 '说'를 재촉하거나 다그치는 의미로 쓰여 '너 어서 말해!'의 의미예요. 이 '快'는 '어서, 빨리'의 의미를 가진 부사로, 동작의 시작(발생)을 서둘러 재촉하는 의미를 표현해요.

동작
[快] 说

Part 4

5 동작횟수표현, 동작지속·경과표현

동량보어, 시량보어 新HSK 2급, 国际大纲 4급

① 메뉴

우리는 평소에 어떤 한 동작을 여러 번 해서 이 동작을 몇 번 했는지 그 횟수를 나타내고자 할 때가 있어요. 예로 '나는 오늘 그를 두 번 봤어.'라는 말은 보는 동작이 두 번 발생했음을 의미해요. 이런 경우 중국어에서는 '동량보어'로 동작의 발생 횟수를 표현해요.

반면 어떤 동작을 지속하는 경우도 있고, 또 어떤 동작이 끝나고 나서 또 다른 상태(상황)가 지속되는 경우도 있죠? 예로 '나는 세 시간동안 중국어를 공부했어요.'는 공부하는 동작이 세 시간 동안 지속되었다는 것을 표현하고, '그는 대학을 졸업한 지 2년이 되었다.'는 졸업을 한 동작이 끝나고 난 상태가 2년간 지속된 것을 표현해요. 이런 경우 중국어에서는 '시량보어'를 사용해 동작과 상태의 지속을 표현하면 돼요. 이번 장에서는 동작의 횟수표현과 동작의 시량 표현을 함께 만들어 봐요.

그녀는 그 영화를 세 번 본 적이 있어요.	▶	동량보어
나는 그를 두 번 찾았어요.		
그는 3일간 이 책을 봤어요.	▶	시량보어
그는 대학을 졸업한 지 2년이 되었어요.		

2 재료

주재료 ✿☆

─── 동작횟수표현(동량사), 동작지속표현(시량사)의 재료 ───

동작횟수표현(동량사)

次	回	遍	趟	场	顿
cì	huí	biàn	tàng	chǎng	dùn
~번[횟수]		~번[과정]	~번[왕복]	~번[공연]	~끼[식사] ~번[꾸지람, 욕]

동작지속표현(시량사)

…年	…个月	…天	…个星期	…(个)小时	…个钟头
… nián	… ge yuè	… tiān	…ge xīngqī	…(ge) xiǎoshí	…ge zhōngtóu
~년	~개월	~일	~주	~시간	

3 레시피

주어 + 동사술어 + 목적어 + 수사 + 양사 + 목적어

레시피 I-1　　그녀는 그 영화를 세 번 본 적이 있어요.

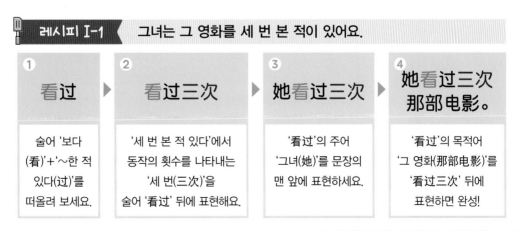

1 看过

술어 '보다(看)'+'~한 적 있다(过)'를 떠올려 보세요.

2 看过三次

'세 번 본 적 있다'에서 동작의 횟수를 나타내는 '세 번(三次)'을 술어 '看过' 뒤에 표현해요.

3 她看过三次

'看过'의 주어 '그녀(她)'를 문장의 맨 앞에 표현하세요.

4 她看过三次那部电影。

'看过'의 목적어 '그 영화(那部电影)'를 '看过三次' 뒤에 표현하면 완성!

레시피 I-2 나는 그를 두 번 찾았어요.

① 找了

술어
'찾다(找)' +
'~았(了)'을
떠올려 보세요.

▶

② 找了两次

'두 번 찾았다'에서
동작의 횟수를 나타내는
'두 번(两次)'을
술이 '找了' 뒤에
표현해요.

▶

③ 找了他两次

'找了'의 행위대상자 '그
(他)'는 '找了'와 '两次'
사이에 위치시키세요.

※ 주의! 인칭대명사, 고유명사
(사람)가 목적어로 쓰이는 경우
목적어는 동량보어 앞에 놓여요!

▶

④ 我找了他
两次。

'找了他两次'의 주어
'나(我)'를 술어 '找了'
앞에 표현하면 완성!

레시피 II-1 그는 3일간 이 책을 보았어요.

① 看了

술어
'보다(看)' +
'~았(了)'을
떠올려 보세요.

▶

② 看了三天

'3일 동안 보았다'는 동작
'看了'가 지속된 시간의 양
'3일간(三天)'을
술어 '看了' 뒤에 표현해요.

▶

③ 他看了三天这本书。

'看了三天'의 행위 대상
'이 책(这本书)'은 '술어+시량보어' 뒤에,
행위자 '그(他)'를 술어 앞에
표현하면 완성!

레시피 II-2 그는 대학을 졸업한 지 2년 되었어요.

① 毕业了

술어
'졸업하다(毕业)'
+ '~았(了)'을
떠올려 보세요.

▶

② 毕业两年了

'졸업한 지 2년이 되다'는
동작 '毕业'가 끝나 졸업한
상태가 2년간 지속되었다는
의미로 '两年'을 술어 '毕业'와
조사 '了' 사이에 표현해요.

▶

③ 他大学毕业两年了。

행위자 '그(他)'는 술어 앞에,
행위 대상 '대학(大学)'을
'毕业两年'의 앞에 표현하면 완성!

※ 주의! '毕业'는 이합사로 이미 목적어를 갖고 있기
때문에 다시 '大学'를 목적어로 가질 수 없어요.
따라서 '大学'는 주제어로 술어 앞에 사용해야 해요.
행위자 '그(他)'를 함께 쓰려면
'他大学毕业两年了。'라고 표현하면 되지요.

④ 셰프의 Tip

1. 동량보어

① 동량보어는 동작의 횟수를 보충하는 성분으로, 어순은 다음과 같아요!

> **주어 + 동사술어 + 동량보어 + …**
>   └→ **수사 + 동량사**

② 자주 쓰이는 동량보어의 종류에 대해 알아보면 다음과 같아요.

次, 回		동작의 반복 횟수
遍		처음부터 끝까지의 과정이 있는 경우의 횟수
趟		왕복의 과정이 있는 경우의 횟수
场	chǎng	공연이나 행사가 처음부터 끝까지 행해지는 횟수
	cháng	비바람, 병, 싸움, 재해 등의 횟수
顿		식사, 꾸짖음, 구타, 질책 등의 횟수
番		시간이나 노력이 드는 동작의 횟수
下		'좀 ~하다'의 동작이 짧은 시간에 이루어지는 것을 표현/ 완곡한 표현

● Bonus+

차용동량사: 일반명사를 동량사로 빌려 쓰는 경우를 말해요.

예 口 : 咬了我一口 나를 한 입 깨물었다   眼 : 看了一眼 한 번 보았다

　　脚 : 踢了一脚 한 차례 발로 찼다   拳 : 打了一拳 한 대 때렸다

　　刀 : 切了一刀 한 번 잘랐다

③ 동량보어가 목적어와 함께 쓰이는 경우, 목적어의 종류에 따라 어순이 달라져요. 따라서 그 특징을 잘 이해하고 있어야 정확히 표현할 수 있어요.

- 목적어(일반목적어/장소목적어/인칭·지시대명사)가 동량보어와 함께 쓰이면, 보통은 동사술어를 두 번 반복해서 표현하면 되요.

> 동사술어 + 일반목적어/장소목적어/인칭·지시대명사 + 동사술어 + 동량보어

[예] 我读课文读了两遍。　나는 본문을 두 번 읽었어요.

我看这本书看了好几遍。　나는 이 책을 여러 번 봤어요.

- 그 외 동사술어를 한 번씩 쓰는 경우에 대해 알아봐요.

일반목적어	● 동사술어 + 동량보어 + 일반목적어 [예] 我读了两遍课文。　나는 본문을 두 번 읽었어요.
장소목적어, 인칭·지시대명사 목적어	● 동사술어 + 장소목적어, 인칭/지시대명사 + 동량보어 [예] 她来过这儿三回。　그녀는 여기에 세 번 온 적이 있어요. 我见过他两次。　나는 그를 두 번 만났어요.
고유명사 목적어 (인명·지명 등)	● 동사술어 + 고유명사 + 동량보어 ● 동사술어 + 동량보어 + 고유명사 [예] 他去上海去过三趟。 / 他去过三趟上海。 그는 상하이에 세 번 간 적이 있어요.

2. 시량보어

① 시량보어는 동작이 지속한 시간이나 동작완료 후 상황이 지속한 시간을 보충하는 성분이에요. 어순은 다음과 같아요.

> 주어 + 동사술어 + 시량보어 + …
> └→ 수사 + 동량사

② 자주 쓰이는 시량보어의 종류에 대해 알아보아요.

- …(个)小时 / 钟头 : ～시간
- … (个)星期: ～주
- …天 : ～일
- …(个)月: ～월
- …年: ～년

③ 시량보어가 목적어와 함께 쓰이는 경우 동량보어와 유사하게 목적어의 종류에 따라 어순이 달라져요. 따라서 이러한 특징을 잘 이해해야 정확하게 표현할 수 있어요.
- 일반목적어와 시량보어를 함께 사용하는 경우 동사술어를 두 번 반복해서 표현하면 되요. 이때 일반목적어를 '동사술어＋시량보어' 뒤에 사용하는 경우는 시량보어와 목적어 사이에 '的'를 써도 되고 생략해도 되요.

- 동사술어 + 일반목적어 + 동사술어 + 시량보어
- 동사술어 + 시량보어 + (的) + 일반목적어

예 我学汉语学了半个月。 / 我学了半个月(的)汉语。 나는 중국어를 15일동안 배웠어요.
她跳舞跳了三个小时。 / 她跳了三个小时(的)舞。 그녀는 세 시간 동안 춤을 췄어요.

- 목적어가 장소, 인칭·지시대명사인 경우, 시량보어는 목적어 뒤에 표현해요.

동사술어 + 장소목적어, 인칭/지시대명사 + 시량보어

예 他等了我三个小时。 그는 나를 세 시간 기다렸어요.
他来釜山一年半了。 그가 부산에 온 지 1년 반이 되었어요.

④ 시량보어를 사용하는 경우 그 의미를 두 가지로 구분할 수 있어요.
① 동작이 시량보어만큼 지속되는 경우와 ② 동작이 끝난 상황이 시량보어만큼 지속되는 경우이죠. 이때 ①의 경우에는 동사술어로 지속동사(听, 睡, 哭 등)가 주로 쓰이게 되고, ②의 경우에는 동사술어로 비지속동사(来, 死, 完 등)가 주로 사용되기에 의미의 차이가 있어요.

① 지속동사	② 비지속동사
听了两个小时 두 시간 동안 들었다	来了一天了 와서 하루가 되었다
睡了半天 반나절 동안 잤다	死了三年了 죽은 지 3년이 되었다
哭了一个下午 오후 내내 울었다	完了一刻钟了 끝난 지 15분 되었다

셰프의 Q&A

Q1 **Chef!** '我学了两年的汉语。'와 '我学了两年的汉语了。'라는 두 문장을 보면 '了'가 한 번 사용되거나 두 번 사용되었다는 차이만 있어 보이는데, 혹시 차이가 있다면 어떤 것인가요?

A1 의미상 차이가 있어요!

① 我学了两年的汉语。 나는 (과거에) 중국어를 2년간 배웠다(배운 적이 있다).

② 我学了两年的汉语了。 나는 중국어를 2년째 배워오고 있다.

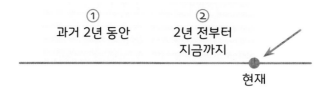

```
         ①              ②
    과거 2년 동안      2년 전부터
                     지금까지
```
현재

Q2 **Chef!** '나는 이틀 동안 쉬었다.'와 '나는 2일에 쉬었다.'라는 중국어 표현이 좀 혼동되는 것 같아요. 중국어로 '이틀'과 '2일'은 어떤 차이가 있는 건가요?

A2 큰 차이가 있어요!

① '나는 이틀 동안 쉬었다.'에서 '이틀'은 시간의 길이를 나타내는 '시량'이에요. 따라서 '이틀'은 '两天'으로 표현하죠. 이는 시량보어로 동사술어(休息) 뒤에 표현하면 되요.

　예 我休息两天了。 나는 이틀 동안 쉬었어요.

② '나는 2일에 쉬었다.'에서 '2일'은 시간의 흐름 중 한 '시점'에 동작이 발생함을 의미해요. 중국어에서는 시점을 시간명사로 표현할 수 있어요. 따라서 '2일'은 '2号(日)'로 표현해요. 이는 시간부사어로 문장 맨 앞이나 주어 뒤에서 표현해요.

　예 我2号休息了。 나는 2일에 쉬었어요.

Q3 **Chef!** '我们一天吃三顿饭。'과 '他一个星期看两次电影。'이라는 문장에서 '一天', '一个星期'는 시량을 나타내는데, 어째서 시량보어가 부사어 위치에 쓰인 건가요?

A3 상황에 따라 위치가 바뀔 수 있어요!

① 我们一天吃三顿饭。 우리는 하루 동안 세 끼를 먹어요.

② 他一个星期看两次电影。 그는 일주일 동안 영화를 두 번 보았어요.

위의 문장에서처럼 동량보어와 시량보어가 함께 쓰이는 경우에는 특별히 시량보어가 부사어에 위치하여 쓰일 수 있어요. 이는 일정기간 내에 어떤 동작이나 행위를 여러 차례 반복하게 되는 경우 이렇게 표현한답니다.

Q4 **Chef!** '他学汉语学了两年了。'와 '他毕业两年了。'에서 모두 시간의 양 '两年'을 사용하고 있는데, '学'와 '毕业'의 동사가 각각 '两年'간 지속된다는 건가요? 의미 차이가 있는 것 같은데요?

A4 네, 모두 시간의 양 '两年'으로 표현하였으나 의미 차이가 있어요!

① '他学汉语学了两年了。'의 '学'는 지속이 가능한 동사술어이므로 '学'가 '两年'간 지속됨을 나타내요. 즉, '동작의 지속'을 나타내 '그는 중국어를 2년간 배웠어요.'가 됩니다.

② '他毕业两年了。'의 '毕业'는 지속이 아닌 비지속 동사술어이므로 '毕业'한 이후 상황이 '两年'간 지속됨 즉, 동작완료 후 상황이 '两年' 경과되었음을 나타내어 그 의미는 '그는 졸업한 지(졸업한 상황이) 2년이 되었어요.'가 되지요.

이로써 시간의 양 '两年'으로 동작의 지속의미와 동작완료 후 상황이 경과되는 의미로 차이가 있음을 알 수 있어요

Part 5

Fusion dish

깊이 있는 표현을 해 보아요!

① 비교표현

차등비교문, 동등비교문, 근사치비교문 新HSK 2급, 国际大纲 2~4급

① 메뉴

우리는 일상에서 많은 것을 비교하게 되죠. 대상을 비교하기도 하고 상황을 비교하기도 해요. 예로 '이 휴대폰은 저것보다 비싸다.'나 '이 휴대폰은 저것처럼 크다.', '내 휴대폰은 그의 휴대폰만큼 그렇게 비싸지 않다.' 등 모두 두 사물의 다양한 특징을 구체적으로 비교할 때 쓰는 표현이에요. '이 휴대폰은 저것보다 비싸다.'는 두 휴대폰의 차이를 나타내는 '차등비교'이고, '이 휴대폰은 저것처럼 크다.'는 두 휴대폰이 같다는 '동등비교', '내 휴대폰은 그의 휴대폰만큼 그렇게 비싸지 않다.'는 두 휴대폰이 비슷하나 약간의 차이가 있음을 비교하는 '근사치비교'라고 할 수 있어요. 이런 다양한 비교의 상황을 중국어로는 어떻게 표현할까요? 그럼, 우리 이 세 가지의 비교표현을 함께 알아봐요.

그는 나보다 나이가 두 살 많아요.	▶	차등비교표현
그는 아버지처럼 키가 커요.	▶	동등비교표현
나는 그만큼 그렇게 크지 않아요.	▶	근사치비교표현

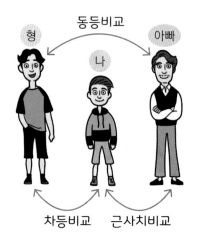

② 재료

🍲 주재료 ✦✧

———————— 비교표현의 재료 ① ————————

<table>
<tr>
<td rowspan="3">A
(대상)</td>
<td rowspan="3">比
bǐ
~보다</td>
<td rowspan="3">B
(비교대상)</td>
<td>更, 还
gèng, hái</td>
<td>형용사술어</td>
<td>一点儿, 得多, 多了
yìdiǎnr, deduō, duōle</td>
</tr>
<tr>
<td>早, 晚, 多, 少
zǎo, wǎn, duō, shǎo</td>
<td rowspan="2">동사술어</td>
<td>수량구</td>
</tr>
<tr>
<td>×</td>
<td>상태보어</td>
</tr>
</table>

차등비교표현['比'자문]

———————— 비교표현의 재료 ② ————————

동등비교표현[…跟/和…一样 (+ 형용사)]

<table>
<tr>
<td rowspan="2">A
(대상)</td>
<td rowspan="2">跟, 和
gēn, hé</td>
<td rowspan="2">B
(비교대상)</td>
<td colspan="2">(不)一样
(bù) yíyàng</td>
</tr>
<tr>
<td>(不)一样
(bù) yíyàng</td>
<td>형용사</td>
</tr>
</table>

———————— 비교표현의 재료 ③ ————————

근사치표현 [(没)有…这么/那么 + 형용사]

A (대상)	(没)有 (méi)yǒu	B (비교대상)	这么, 那么 zhème, nàme	형용사

③ 레시피

> A(대상) + 比 + B(비교대상) + 형용사술어/동사술어

레시피 I | 그는 나보다 나이가 두 살 많아요. [차등비교]

1
大

형용사술어
'(나이가) 많다(大)'
를 떠올려 보세요.
* 주의! '나이가 많다'는
'多'가 아닌 '大'로
표현해요!

2
他 大

'大'의 주어
'그(他)'를
형용사술어 '大'
앞에 표현해요.

3
他比我大

'他'와의 비교대상인
'나보다'를 표현하기 위해
전치사 '比'와 대상(我)을
함께 써서 술어 '大' 앞에
표현하세요.

4
他比我大
两岁。

'두 살 많다'에서
'두 살(两岁)'을 '大'
뒤에 두어 수량을
보충해 표현하면 완성!

> A(대상) + 跟 / 和 + B(비교대상) + (不)一样 + 형용사

레시피 II | 그는 아버지처럼 키가 커요. [동등비교]

1
高

형용사술어
'(키가) 크다(高)'를
떠올려 보세요.

2
他 高

'高'의 주어
'그(他)'를 술어
앞에 표현해요.

3
他跟爸爸高

'아버지처럼'에서
'~처럼/~와'는 전치사
'跟'을 대상 '아버지
(爸爸)'와 함께 써서 술어
'高' 앞에 표현하세요.

4
他跟爸爸
一样高。

'(아버지처럼) ~하다'는
'跟爸爸'와 '一样'을
함께 술어 '高' 앞에 놓아
표현하면 완성!

> A(대상) + (没)有 + B(비교대상) + 这么 / 那么 + 형용사

레시피 Ⅲ   나는 그만큼 그렇게 크지 않아요. [근사치비교]

① 高
형용사술어
'(키가) 크다(高)'를
떠올려 보세요.

② 那么高
부사
'그렇게(那么)'는
'高' 앞에
표현해요.

③ 我 那么高
'那么高'의 대상
'나(我)'를
문장 맨 앞에
표현하세요.

④ 我没有他
那么高。
'나는 그만큼 크지 않다'
에서 '그만큼 ~ 않다'는
표현의 '没有他'를 '那么高'
앞에 놓아 표현하면 완성!

④ 셰프의 Tip

비교표현은 두 사물의 차등비교문, 동등비교문, 근사치비교문으로 구분할 수 있어요.

1. 차등비교문

두 대상을 비교하여 '~보다 ~하다'는 표현이에요. 차등비교에서 비교의미를 명확히 표현해야 할 경우 부사 '更', '还'을 써요.

> 주어 + 比 + 비교대상 + 부사 + 형용사술어 + 비교내용

＊주의: 비교문에서 '很', '太' 등과 같은 정도부사는 쓰일 수 없어요!

예 她比我小一岁。   그녀는 나보다 한 살 적어요.

他个子比你更高!   그의 키는 당신보다 더 커요!

他说汉语说得比我还好。 / 他比我说汉语说得还好。   그는 중국어를 나보다 더 잘해요.

① 비교의미를 구체적으로 표현하기 위해 기타성분(경미한 정도, 강한 정도, 정확한 수량 등)을 추가하여 표현할 수 있어요.

> 주어 + 比 + 비교대상 + 형용사술어 + 一点儿/一些/得多/得很…

예 我比他大一点儿/得很。 　나는 (나이가) 그보다 조금 더 많아요.

我比我跑得快得多。 　그는 나보다 훨씬 빨리 뛰어요.

他比我重五公斤。 　그는 나보다 5킬로그램 더 나가요.

② 부정형은 비교대상 앞에 '不'를 붙여 '~보다 ~하지 않다'의 의미가 되요.

> 주어 + 不 + 比 + 비교대상 + 형용사술어

예 他不比你高。 　그는 당신보다 크지 않아요.

我的房间不比你的小。 　내 방은 당신 것보다 작지 않아요.

2. 동등비교

'~는 ~와 같다'의 의미로 동등함을 나타내는 표현이에요.

> 주어 + 跟/和 + 비교대상 + 一样 + 형용사술어

예 他跟你一样大。 　그는 당신과 나이가 같아요.

儿子跟父亲一样高。 　아들은 아버지처럼 키가 커요.

我跟你一样，都喜欢看电影。 　나는 당신처럼 영화보는 것을 좋아해요.

- 부정형은 '같다'를 부정하기 위해 '一样' 앞에 부정부사 '不'를 넣어 '~는 ~와 같지 않다'라고 표현해요.

> 주어 + 跟/和 + 비교대상 + 不一样 + (비교내용)

예 他的想法跟你不一样。 　그의 생각은 당신과 달라요.

这件衣服的颜色跟那件不太一样。 　이 옷의 색깔은 저것과 그다지 같지 않아요.

3. 근사치비교

근사한 값을 비교할 때의 표현으로 '~만큼 ~하다'의 의미가 되요.

> 주어 + 有 + 비교대상 + (这么/那么) + 형용사술어(비교내용)

예 她有姐姐那么漂亮。 그녀는 언니만큼 그렇게 예뻐요.

他的个子已经有我这么高了。 그의 키는 이미 나만큼 이렇게 컸어요.

① 부정문은 비교대상 앞에서 부정형을 만들어야 하므로 '有' 앞에 '没'를 써서 '~만큼 ~하지
못하다'의 의미가 되요.

> 주어 + 没 + 有 + 비교대상 + (这么/那么) + 형용사술어(비교내용)

예 她没有你姐姐那么漂亮。 그녀는 당신 언니만큼 그렇게 예쁘지 않아요.

他的英语说得没有你好。 그의 영어는 당신만큼 잘하지 못해요.

② 차등비교와 근사치비교의 부정은 의미에 차이가 있으므로 그 차이를 명확하게 이해해 두어야
해요.

他比我高。		他有他的哥哥那么高。	
A 比 B 형용사(비교내용): A는 B보다 ~하다	他 > 我	A 有 B 형용사(비교내용): A는 B만큼 ~하다	他 ≒ 他的哥哥
他不比我高。		他没有他的哥哥那么高	
A 不比 B 형용사(비교내용): A는 B보다 ~한 것은 아니다	他 ≤ 我	A 没有 B 형용사(비교내용): A는 B만큼 ~하지 못하다	他 < 他的哥哥

Q1 **Chef!** '他比我高得很。'이라는 표현을 '他比我很高。'라고 표현하면 안 되나요?

A1 네, 다른 표현이에요!

두 문장의 어휘가 비슷하여 같아 보이는 듯 하지만 의미에도 차이가 있을 뿐만 아니라 '他比我很高。'는 틀린 표현이라고 할 수 있어요.

'他比我很高。'에서 비교문에서의 술어(高)는 '更'이나 '还'의 수식만 받을 수 있지 정도부사 '很', '太', '非常', '挺', '十分' 등의 수식을 받을 수 없어요. 즉, 비교의 표현은 두 대상을 비교히어 차이를 설명할 때 그 정도의 차이를 설명할 수 있는 '더', '좀'의 표현으로 수식해야 하는 데 주관적인 정도를 표현하는 매우 '很', '太', '非常', '挺', '十分'은 적절하지 않아요. 하지만 술어(高) 뒤에 '得很', '得多'로 정도를 보충할 수 있어요.

Q2 **Chef!** '这个东西没有那个那么多。'라는 표현을 '那个东西没有这个那么少。'라고 표현할 수 있나요?

A2 아니요, 다른 표현이에요!

'这个东西没有那个那么多。'에서 술어는 비교결과가 적극적인 의미를 나타내고 있는데, 비교문에서는 이렇게 적극적 의미의 형용사술어만 사용할 수 있어요. 즉 소극적 의미의 술어는 사용될 수 없다는 것! 비교문에 사용할 수 있는 형용사술어는 '高', '大', '长', '厚', '多', '好', '深', '远', '快' 등과 같이 적극적인 의미의 술어만이 가능해요.

예 我的大衣比你的更厚。　내 겉옷은 당신 것보다 더 두꺼워요.

　　 她的书包跟我的一样重。　그녀의 가방은 내 것처럼 무거워요.

② 능동표현

'把'자문 新HSK 3급, 国际大纲 3~6급

① 메뉴

특정대상이나 사물에 주어가 능동적으로 어떤 동작을 가해서 사물의 위치가 이동하거나 사물이 놓인 상황 등이 변하는 능동의 의미를 표현해야 하는 경우가 있어요. 이런 능동적 상황을 말해야 할 때, 중국어에서는 '把'자문으로 표현해요. 예로 '그는 창문을 닫았다.'라는 문장은 '他关上窗户了。'로 표현할 수도 있지만, 화자와 청자가 모두 알고 있는 동일 사물(창문)에 어떤 동작(닫다)을 통해 상황에 변화(창문이 닫힘)를 가져온 경우를 구체적으로 표현해야 할 때 '他把窗户关上了。'로 표현할 수 있지요. 두 표현을 사용할 때의 의미와 표현방식의 차이를 정확하게 이해하고 표현해야 해요.

그는 **책**을 책상 위에 두었어요.	▶
여러분 **책**을 들고 나와 주세요.	▶
나는 **방**을 깨끗이 청소했어요.	▶
이 **글**을 중국어로 번역해 주세요.	▶

사물의 위치 이동
성질 및 상황 변화

② 재료

🍲 주재료 ✬✩

능동표현('把'자문)의 재료					
이동의 이미	주어	把 bǎ	+ 대상	동사	在, 到, 给 zài, dào, gěi

변화의 의미	주어	把 bǎ	+ 대상	동사	干净, 完, 成… gānjìng, wán, chéng
					了 le
					동사중첩
					결과·방향·상태보어
					着 zhe

③ 레시피

주어 + 把 + 대상 + 동사 + 기타성분

레시피 I ▶ 그는 책을 책상 위에 두었어요.

① 放
술어
'(책상에) 두다
(放)'를 떠올려
보세요.

▶

② 放在
'放'의 고정위치를
표현하기 위해
결과보어 '在'를
술어 뒤에
보충해요.

▶

③ 把书放在
'책을' 표현하기 위해
'~을/를'의 전치사 '把'와
행위대상 '책(书)'을
전치사구로 만들어
'放在' 앞에 표현하세요.

▶

**④ 他把书放在
桌子上了。**
'书'를 놓는 장소
'책상 위(桌子上)'를
술어 '放在' 뒤에 놓고,
문장 끝에 어기조사 '了'로
완료를 표현하면 완성!

여러분 책을 들고 나와 주세요.

①	②	③	④
拿出来	**大家拿出来**	**把书拿出来**	**请大家把书拿出来。**
술어 '들고 나오다'는 '拿出来'로 표현할 수 있어요. ※ 주의! '拿'의 방향을 보충하기 위해 '出来'를 붙여 표현해요!	'拿出来'의 주어 '여러분(大家)'을 문장 앞에 표현해요.	'책을' 표현하기 위해 '~을/를'의 전치사 '把'와 대상 '책(书)'을 전치사구로 만들어 '拿出来' 앞에 표현하세요.	청유형 동사 '~해주세요(请)'를 문장 앞에 두어 전체 내용을 부탁, 요청의 의미로 표현하면 완성! ※ 청자에게 부탁, 권유, 권고하는 문장을 청유형 문장이라고 하는데, 이런 문장의 특징은 동사 '请'을 문두에 두어 표현해요.

나는 방을 깨끗이 청소했어요.

①	②	③	④
打扫	**打扫干净**	**把房间打扫干净**	**我把房间打扫干净了。**
술어 '청소하다(打扫)'를 떠올려 보세요.	'깨끗이 청소하다'는 청소한 결과가 '깨끗하다(干净)'이기에 '干净'을 '打扫' 뒤에 두어 결과를 보충해요.	'방을' 표현하기 위해 '~을/를'의 전치사 '把'와 대상 '방(房间)'을 전치사구로 만들어 '打扫干净' 앞에 표현하세요.	'打扫干净'의 행위자인 주어 '나(我)'는 문장 앞에 놓고, 문장 끝에 어기조사 '了'로 표현하면 완성!

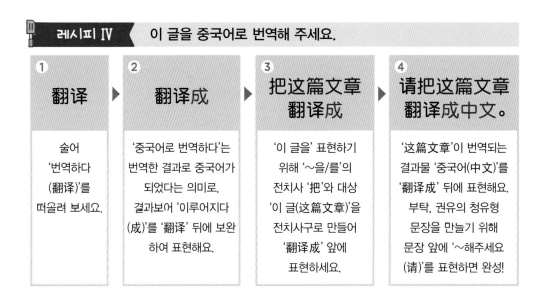

레시피 Ⅳ　이 글을 중국어로 번역해 주세요.

1
翻译

술어
'번역하다
(翻译)'를
떠올려 보세요.

2
翻译成

'중국어로 번역하다'는
번역한 결과로 중국어가
되었다는 의미로,
결과보어 '이루어지다
(成)'를 '翻译' 뒤에 보완
하여 표현해요.

3
把这篇文章
翻译成

'이 글을' 표현하기
위해 '～을/를'의
전치사 '把'와 대상
'이 글(这篇文章)'을
전치사구로 만들어
'翻译成' 앞에
표현하세요.

4
请把这篇文章
翻译成中文。

'这篇文章'이 번역되는
결과물 '중국어(中文)'를
'翻译成' 뒤에 표현해요.
부탁, 권유의 청유형
문장을 만들기 위해
문장 앞에 '～해주세요
(请)'를 표현하면 완성!

④ 셰프의 Tip

중국어에서는 특정대상이 어떠한 동작을 통해서 위치의 이동이나 상황 또는 결과에 변화가 생기는 등의 능동적인 내용을 표현하기 위해서 전치사 '把'를 이용한 '把'자문을 사용해요. 난이도가 높은 문법항목이지만 우리말 어순에서처럼 목적어를 먼저 표현한다고 생각하면 쉽게 이해할 수 있을 거예요.

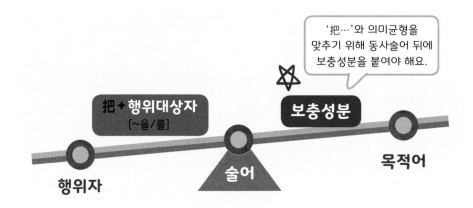

'把'자문은 왜 사용할까요? 어떤 표현을 하기 위해 '把'자문을 사용하는지 정확히 이해해야만 제대로 사용할 수 있겠죠? 다음의 예문을 통해 '把'자문을 사용할 수 있는 상황을 알아봐요!

> 예 이 책은 누가 다 읽었나요? A: 这本书我看完了。
>
> 누가 이 책을 다 읽었나요? A: 我这本书看完了。
>
> ▶ 너는 이 책을 다 안 읽었지? A: 我把这本书看完了。
>
> 누가 사이다를 마셨지? A: 我喝了那瓶汽水。
>
> ▶ (여기 있던) 사이다가 어디 갔지? A: 我把那瓶汽水喝了。
>
> 누가 나에게 차표를 줄 거야? A: 我给你车票。
>
> ▶ 나에게 차표를 준다더니 왜 안 주지? A: 我把车票给你。
>
> 누가 그녀에게 이 일을 알려 줬지? A: 她告诉了她这件事。
>
> ▶ 그녀가 이 일을 알고 있다니 어떻게 된 거야? A: 她把这件事告诉她了。
>
> (닫혀 있는) 문을 좀 열어 주세요! 请打开窗户!
>
> ▶ (못 들은 체하지 말고) 문을 좀 열어 주세요! 请把窗户打开!

1. '把'자문의 기본형식은 다음과 같아요.

> 주어 + 把 + 목적어 + 동사 + 보충성분

> 예 我把钱包丢了。 나는 지갑을 잃어버렸어요.
>
> 你把鞋脱了吧。 당신은 신발을 벗으십시오.
>
> 把外套挂着。 외투를 걸어 두세요.
>
> 咱们把行李收拾收拾。 우리 짐을 좀 정리하자.
>
> 你把这件事告诉老师吧。 당신은 이 일을 선생님께 알리세요.

2. '把'자문의 보충성분

앞의 그림에서 보았듯이 '把'자문에서 동사술어 뒤의 보충성분은 '把'자문의 의미의 균형을 맞추기 위해 동사술어 뒤에 붙는 성분이에요. '把'자문은 보충성분으로 결과보어, 방향보어, 상태보어, 동태조사(了, 着), 동사중첩형, 이중목적어 동사술어문 등이 올 수 있어요.

'把'자문은 어떤 동작으로 인해 특성 결과가 초래되거나 변화되는 것을 나타내야 하는데 가능보어는 발생의 가능성만을 나타낼 뿐 행위의 결과는 나타내지 못하므로 '把'자문의 기타성분으로 올 수 없고, 일반적으로 경험을 나타내는 '过'도 마찬가지로 쓸 수 없어요.

	특정사물이 동작의 발생으로 인해 고정 위치로 이동하는 경우
	● 주어 + 把 + 목적어 + 동사술어 + 在 + 장소
	예 他把名字写在书上了。 그는 이름을 책에 적었어요.
	他把东西放在地上了。 그는 물건을 땅에 놓았어요.
	● 주어 + 把 + 목적어 + 동사술어 + 到 + 장소
	예 他们把桌子搬到外边去了。 그들이 탁자를 밖으로 옮겨갔어요.
	请你把汽车开到这儿。 당신이 자동차를 여기로 운전해 오세요.
결과보어	명확한 사물이 농식 발생으로 인해 관계가 이동하거나 변화가 생기는 경우
	● 주어 + 把 + 목적어 + 동사술어 + 成 / 为 / 作 / 给 + 목적어
	예 他把那件事写成小说了。 그가 그 사건을 소설로 썼어요.
	请你把这个东西交给他。 당신이 이 물건을 그에게 전해 주세요.
	请你把钱还给我。 당신이 돈을 제게 돌려 주세요.
	● 주어 + 把 + 목적어 + 동사술어 + 결과보어
	예 弟弟把校服弄脏了。 남동생이 교복을 더럽게 했어요.
	我把作业做完了。 나는 숙제를 다 했어요.
	他把电视机打开了。 그가 텔레비전을 켰어요.
	특정사물이 동작의 발생으로 인해 위치가 이동하는 경우
방향보어	● 주어 + 把 + 목적어 + 동사술어 + 방향보어
	예 去图书馆把那本书借来吧。 도서관에 가서 그 책을 빌려오십시오.
	你把这些东西送去吧。 당신이 이 물건들을 보내세요.
	今天我没把照相机带来。 오늘 나는 카메라를 가져오지 않았어요.
	동작의 발생으로 인해 특정 사물에 어떠한 결과가 발생하는 경우
상태보어	● 주어 + 把 + 목적어 + 동사술어 + 상태보어
	예 他把衣服洗得很干净。 그가 옷을 깨끗하게 빨았어요.
	他已经把报告写好了。 그가 이미 보고서를 다 썼어요.
	我把这些生词背得很熟了。 나는 이 단어들을 완벽하게 외웠어요.
동태조사, 동사중첩형, 이중목적어 동사술어문	**예** 我把药吃了。 나는 약을 먹었어요.
	你把这张请帖拿着。 당신이 이 초대장 잘 갖고 있어요.
	你把那件事给我们说一说。 당신이 그 일을 우리에게 말 좀 해봐요.
	我想把这个问题跟你们商量商量。 저는 이 문제를 당신들과 좀 상의하고 싶어요.

3. '把'자문 앞에 놓일 수 있는 성분

'把'자문의 '把＋목적어' 자체도 전치사구이기 때문에 주어와 동사술어 사이에 위치했어요. 주어와 동사술어 사이에 올 수 있는 문장성분으로는 부사와 조동사, 전치사구가 있고 '부사 → 조동사 → 전치사구'의 순서로 위치할 수 있는데 '부조전'으로 외워두면 편해요.

주어 + 把 + 목적어 + 동사술어 + 보충성분

각종 (부정)부사, 조동사

★주의: 일반부사와 부정부사, 조동사는 '把' 앞에 위치해요.
★★'全', '都'가 '把' 뒤의 대상의 범위를 지칭하는 경우 예외적으로 '把＋목적어' 뒤에 놓여요.

> **예** 你们先把手机关上。 당신들은 우선 휴대폰을 끄세요.
>
> 我没把那杯茶喝完。 나는 그 차를 다 마시지 않았어요.
>
> 他能把这句话翻译成中文。 그는 이 말을 중국어로 옮길 수 (번역할 수) 있어요.
>
> 请你不要把我当小孩子一样看待。 저를 어린아이처럼 취급하지 말아 주세요.

일반적으로 '把'자문의 부정은 '把' 앞에 부정부사 '没'로 표현해요.

> **예** 他没把房间打扫干净。 그는 방을 깨끗하게 청소하지 않았어요.
>
> 我没把书放在桌子上。 나는 책을 책상 위에 두지 않았어요.

4. '把'자문의 동사술어 특징

'把'자문에 쓰이는 동사술어는 특정대상('把'의 목적어)에 대해 구체적인 동작을 가하여 어떠한 결과가 생겨나는 능동의 의미를 지니는 동사여야 해요. 따라서 '把'자문에서 능동의 의미가 없는 동사는 사용할 수 없고, 그러한 동사는 다음과 같아요.

판단, 상태 등의 관계동사	是, 有, 在, 像, 姓…
자동사	休息, 旅游, 坐, 站, 走…
지각, 심리, 감각활동의 심리동사	认为, 知道, 喜欢, 听见, 看见…
방향동사	上, 下, 来, 去, 起来…

셰프의 Q&A

Q1 **Chef!** '我把那本书还给他了。'를 '我把一本书还给他了。'라고 표현할 수 있나요?

A1 아니요! 틀린 표현이에요~

'把'자문은 특정사물(예 那本书)이 어떤 동작으로 인해 특정 결과가 초래되거나 변화되는 것을 나타내는 문장구조이므로 '把'자문의 대상으로 불특정한 사물은 사용할 수 없어요. 따라서 '我把一本书还给他了。'에서 '一本书'는 불특정한 대상이므로 틀린 표현이라고 할 수 있지요. 즉 '把'가 갖게 되는 대상은 반드시 특정대상(那本书)이어야 힘을 잊지 마세요!

Q2 **Chef!** '我能把那本小说看完。'을 '我把那本小说看得完。'이라고 표현할 수 있나요?

A2 아니요, 그렇게는 표현할 수 없어요!

① '把'자문은 가능보어와 함께 쓰일 수 없어요. '把'자문은 어떤 대상이 동작발생 후 처리되거나 변화된 상황의 결과를 표현하기 때문에 가능표현인 가능보어는 대상을 처리하는 행위가 아니므로 때문에 같이 쓸 수 없고, 틀린 표현이 되는 거예요.

> 예 我做不完这件事。(○) 나는 이 일을 완성할 수 없어요.
> 我把这件事做不完。(×)
>
> 他记不住那个电影的内容。(○) 그는 저 영화의 내용을 기억할 수 없어요.
> 他把那个电影的内容记不住。(×)

② 그 밖에도 일반적으로 경험을 나타내는 동태조사 '过'와도 함께 쓰일 수 없어요. '过'는 경험을 나타내는 것이지 대상을 처리하는 행위가 아니기 때문이에요.

> 예 我学过汉语。(○) 나는 중국어를 공부한 적이 있어요.
> 我把汉语学过。(×)
>
> 我看过那封信。(○) 나는 저 편지를 본 적이 있어요.
> 我把那封信看过。(×)

결론적으로 '把'자문에서 사용할 수 없는 보충성분은 가능보어, 동태조사 '过'라는 것을 꼭 기억하세요!

Part 5

3 피동표현

'被'자문, 의미상피동문 新HSK 3급, 国际大纲 3~4급

① 메뉴

평소 피동표현을 해야 하는 경우도 많이 있죠? 피동표현은 능동표현과 상반되는 표현이에요. 주어 스스로 하는 행동이 아닌, 다른 사람에 의한 행동과 상황이 발생하는 경우를 말하는데, 중국어에서 피동표현은 정말 중요해요. 예를 들어보면 '우리는 그를 반 대표로 선출했다.'라는 능동표현과 '그는 (우리에 의해) 반 대표로 선출되었다.'라는 피동표현이 모두 가능한 경우도 있고, '문이 바람에 열렸다.'를 '바람이 문을 열었다.'라고 하지 않는 것처럼 피동표현만 쓰는 경우도 있어요. 그럼 중국어로 피동표현은 어떻게 표현하는지 함께 만들어 보아요.

그가 반 대표로 뽑혔어요.	▶	被 피동문
문이 바람에 열렸어요.	▶	
그의 휴대폰을 어떤 사람이 가져갔어요.	▶	叫, 让 피동문
숙제를 다 했어요.	▶	의미상피동문

② 재료

🍲 **주재료** ✡✩

피동표현의 재료('被'·'叫'·'让'피동문, 의미상피동문)

'被'자문 bèi	행위대상자	被 bèi	+ (행위자)	동사구
'叫', '让'자문 jiào, ràng		叫, 让 jiào, ràng	+ 행위자	동사구
의미상피동문	행위대상자	동사구		

③ 레시피

> 행위대상자 + 被/叫/让 + 행위자 + 동사 + 기타성분

레시피 I-1 | 그가 (우리들에 의해) 반 대표로 뽑혔어요.

①

他 选

술어 '선출하다(选)'와 선출된 행위대상자 '그(他)'를 떠올려 보세요.

②

他 选 班长

'반 대표로 선출하다'는 술어 '选' 뒤에 '반 대표(班长)'를 표현하면 되요.

③

他被我们选班长

'우리들에 의해'는 '~에 의해'라는 뜻의 전치사 '被'와 행위자 '우리들(我们)'을 함께 '选' 앞에 표현해요.

④

他被我们选为班长。

뽑혀서 반 대표가 '된' 것이기 때문에 술어 '选'에 결과보어 '为'를 써서 '~로 선출하다(选为)'로 표현하면 완성!

레시피 I-2 | 문이 바람에 열렸어요.

①

刮开

술어 '열렸다(刮开)'를 떠올려 보세요.

②

门 刮开

'열렸다'의 행위대상 '문(门)'을 술어 '刮开' 앞에 표현해요.

③

门被风刮开了。

'바람에 (의해)'는 전치사 '被'와 행위자 '바람(风)'을 함께 '刮开' 앞에 위치시켜 표현하면 완성!
※ 문장의 종결의미는 문장 끝에 '了'로 표현하면 되요!

그의 휴대폰을 어떤 사람이 가져갔어요.

1 拿走

술어
'가져간다'는
'拿走'로 표현해요.

2 他的手机拿走

'拿走'의 행위대상인
'그의 휴대폰(他的
手机)'을 술어 '拿走'
앞에 표현해요.

3 他的手机让人拿走了。

'어떤 사람이'는 전치사 '被'나 피동의미의
전치사 '让'과 행위자 '어떤 사람(人)'을 함께
'拿走' 앞에 위치시켜 표현하면 완성!
※ 문장의 종결의미는 문장 끝에 '了'로 표현하면 완성!

행위대상자 + 동사 + 기타성분

숙제를 다 했어요. [의미상피동문]

1 写完

술어 '쓰다',
'다 하다'는 '写完'
으로 표현해요.

2 作业 写完

'写完'의 행위대상인
'숙제(作业)'는 술어
'写完'의 앞에 표현해요.

3 作业写完了。

문장의 종결의미를 위해서는
문장 끝에 '了'를 표현하면 완성!

④ 셰프의 Tip

'被'자문의 의미기능은 피동표현으로 능동표현과 상반된다고 할 수 있어요. 따라서 중국어에서 '被'
자문과 '把'자문은 서로 상반되는 표현으로 이해하면 되는데, 이 부분은 문장구조를 통해서도 알
수 있어요.

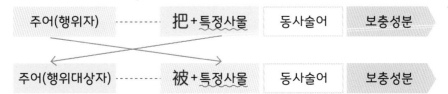

| 주어(행위자) | 把+특정사물 | 동사술어 | 보충성분 |

| 주어(행위대상자) | 被+특정사물 | 동사술어 | 보충성분 |

- '被'자문의 특징도 '把'자문과 유사하게 다음과 같아요.

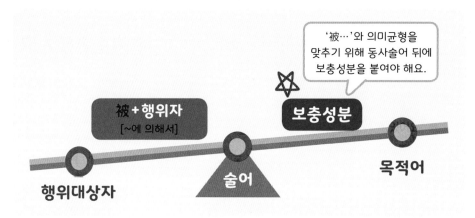

1. '被'자문 기본형식은 다음과 같아요.

주어(행위대상자) + 被 + 행위자 + 동사 + 보충성분

① '被'자문은 '～에 의해 …되다'라는 피동표현을 나타내요. '被' 뒤에 나오는 목적어(행위자)는 특정한 것이어야 하며, 생략이 가능해요. '被' 이외에도 피동의 전치사 '叫', '让'을 사용할 수 있어요. 단, '叫', '让'은 뒤에 오는 목적어를 생략할 수 없답니다!

> **예** 那台电脑被别人拿走了。　그 컴퓨터는 다른 사람이 가져갔어요.
>
> 我的手机被弟弟弄坏了。　내 휴대폰을 남동생이 고장 냈어요.
>
> 那本书让人拿走了。　그 책은 어떤 사람이 가져갔어요.
>
> 我的钱被偷走了。　내 돈을 도둑맞았어요.

② 술어 뒤의 보충성분은 각종 보어(방향, 결과, 상태, 동량보어 등)를 사용하거나 동태조사 '了', '过'를 사용해요. 단, 동태조사 '着'와 '가능보어'는 사용할 수 없다는 것도 꼭 기억하세요! '被' 자문은 행위를 당한 이후의 결과나 경험을 나타내야 하는데 가능보어는 발생의 가능성만을 나타낼 뿐 행위의 결과는 나타내지 못하기 때문이에요.

门被撞得开。(X)　　这窗户被风吹得开。(X)

2. '被'자문 앞에 놓일 수 있는 성분

'被'자문의 '被+행위자' 앞에 놓일 수 있는 성분으로는 일반부사와 부정부사(没, 不要), 조동사가 있어요. 일반적으로 '被'자문은 '被+행위자' 앞에 '没'를 두어 부정하고, '不要'를 사용하는 경우에는 '금지', '권고'의 의미를 나타내요.

> 주어(행위대상) + 被 + 행위자 + 동사 + 보충성분
>
> 일반부사, 부정부사(没/不要), 조동사

예 我的钱没被小偷儿偷走了。 제 돈은 (좀도둑에게) 도둑맞지 않았어요.

不要被他发现。 그에게 들키지 마세요.

桌子上的东西没被人动过。 책상 위의 물건은 (사람들에 의해) 건드려지지 않았어요.

他从来没被打过。 그는 여태까지 (누군가에게) 맞아 본 적이 없어요.

他不能被人们忘掉。 그는 사람들에게 잊힐 수가 없어요.

3. 의미상피동문의 특징

의미상피동문은 '被'자문처럼 피동문의 형식을 취하지는 않으나 의미상으로는 피동표현을 하고 있는 문장을 말해요. 의미상피동문의 주어는 대개 특정한 사물이거나 사람이에요. 단, 사람이 주어일 경우에는 능동적인 동작을 행하는 행위자가 아닌 행위대상자여야 하지요.

의미상피동문에도 '被'자문처럼 대부분 동사술어를 단독으로 쓰지 않고, 술어 앞에 부사어(조동사)를 쓰거나 술어 뒤에 보어, 동태조사(了, 过)를 보충하게 되요.

예 那个问题一定要解决。 그 문제는 반드시 해결돼야 해요.

黑板擦得很干净。 칠판이 깨끗하게 닦였어요.

那封信已经写好了。 저 편지는 이미 쓰여졌어요.

这个问题已经谈过了。 이 문제는 이미 이야기한 적이 있어요.

🧑‍🍳 셰프의 Q&A

Q1 **Chef!** '那台电脑被别人拿走了。'라고 표현할 수도 있고, '那台电脑拿走了。'라고도 쓸 수 있는데, 어떤 차이가 있는 건가요? '被'를 사용한 것 이외에도 의미상으로도 차이가 있나요?

A1 네~ 차이가 있어요!

예로 '那台电脑被别人拿走了。'는 '被'자문을 통해 누군가가 컴퓨터를 가지고 간 사실이 동의되지 않았거나 원치 않았던 상황임을 알 수 있죠. 반면 '那台电脑拿走了。'는 사건을 객관적으로 서술한 문장으로 '(가지고 가기로 한) 컴퓨터를 가지고 갔다'는 의미로 이해하면 되요. 따라서 '被'자문은 여의치 않거나 좋지 않은 상황을 나타내고, 의미상피동문은 능동적으로 좋은 상황이거나 능동적인 경우에 사용한다고 이해하면 되겠네요. 즉, '대부분의 생산품은 수출했다.'의 경우 '大部分的产品被出口了。'는 틀린 표현이고 '大部分的产品出口了。'로 표현하면 되요.

Q2 **Chef!** '我叫弟弟吓坏了。'와 '我叫弟弟拿来一杯水。'는 모두 전치사 '叫'를 사용하고 비슷한 표현으로 보이는데, 두 문장의 '叫'는 서로 같은 기능을 하는 건가요?

A2 아니에요!

'我叫弟弟吓坏了。(나는 남동생에 의해 깜짝 놀랐어요.)'와 '我叫弟弟拿来一杯水。(나는 남동생에게 물 한 잔 가져다 달라고 했어요.)'의 '叫'는 문법기능의 차이가 있기 때문에 서로 다른 의미기능을 해요.

① 我叫弟弟吓坏了。
  ➡ 행위대상자(我)는 전치사 '叫(~에 의해)'의 행위자 '弟弟'에 의해 술어(吓坏)의 피동의미를 표현해요.
② '我叫弟弟拿来一杯水。
  ➡ 사역의미의 동사 '叫(~에게 ~하게 하다)'는 주어(행위자: 我)가 행위대상자(弟弟)를 '叫(~더러, 시켜서)'해서 동작(拿来)을 하게 한다는 의미예요. 이는 사역표현 겸어문이죠.

Q3 **Chef!** '我的手机被弟弟弄坏了。'를 '我的手机被弄坏了。'로도 표현할 수 있다고 했는데 '那本书让人拿走了。'는 '那本书让拿走了。'라고 표현하면 안 되나요?

A3 네, 그렇게 표현할 수는 없어요!

피동의 의미를 나타내는 전치사 '被', '让', '叫' 중에서 '被'는 뒤에 오는 목적어를 생략할 수 있으나 '让', '叫'는 반드시 목적어와 함께 표현해야 해요!

예로 '连衣裙叫刮破了。'와 '他的话让听见了。'는 틀린 표현이에요. 이는 피동의미 전치사 '叫'와 '让'의 의미와 관계된 목적어를 수반해야 정확하게 의미를 표현할 수 있기 때문이죠. 따라서 '连衣裙叫（　　　）刮破了。'와 '他的话让（　　　）听见了。'의 괄호 안에 대상을 함께 표현해야 한답니다.

Q4 **Chef!** '那台电脑拿走了。'와 '他拿走那台电脑了。'의 의미는 유사해 보이는데 어떤 차이가 있나요?

A4 다음의 차이가 있어요.

'他拿走那台电脑了。'는 '누가 컴퓨터를 가지고 갔나요?'라는 질문에 대한 답변으로 일반적인 상황에 대한 진술문이라고 보면 되요. 하지만 '那台电脑拿走了。'는 '그 컴퓨터를 가져가 버렸어요.'라는 뜻이에요. 이는 의미상피동문으로 주어가 행위대상자이기에 일반 진술문과는 다르지요.

의미상피동문은 '被자문'과 의미상의 차이가 있는데, 의미상피동문은 긍정적인 피동의미로 사용하게 되죠. 다음과 같은 예로 이해할 수 있을 거예요.

예 电影票买着了。　영화표를 샀어요.

　　衣服做好了。　옷이 다 만들어졌어요.

　　房间打扫干净了。　방이 깨끗하게 청소되었어요.

　　那篇文章写好。　그 문장은 다 쓰였어요.

중국어 문법

완벽 레시피

Workbook

시사중국어사

중국어 문법 완벽 레시피

Workbook

시사중국어사

1 날짜·시간·가격표현

1 **1. 재료 점검:** 발음과 의미에 맞는 단어를 써 넣으세요.

날짜와 시간, 가격 관련 재료

날짜 · 시간	yuè	hào(rì)	xīngqī(zhōu)	diǎn(shí)	fēn	kè	chà
	월	일	주, 요일	시	분	15분	~전
가격	yuán	kuài	jiǎo	máo	fēn	jǐ	duōshao
	위안 (글말)	콰이 (입말)	자오 (0.1위안/글말)	마오 (0.1위안/입말)	펀 (0.01위안)	몇	얼마나

2 **레시피 따라 차근차근:** 아래 제시된 의미에 맞게 써 보세요.

1. 다음을 중국어로 옮기세요.

❶ 3월 11일 _____

❷ 2시 30분 _____

❸ 190위안 _____

❹ 월요일 _____

❺ 오늘 _____

❻ 내일 _____

❼ 이 사전 _____

❽ 한국인 _____

2. 제시된 문장을 조건에 맞게 바꿔 쓰세요.

明天星期一。	
부정문	
일반의문문	
정반의문문	

他今年二十岁。	
부정문	
일반의문문	
정반의문문	

3 **Try Again:** 다음 문제들을 꼼꼼하게 풀어 보세요.

1. 다음 괄호에 적절한 어휘를 써 넣으세요.

❶ 明天3月5号（　　　　　）五。

❷ 这（　　　）书 130块。

❸ 现在3（　　　）10分。

❹ 他（　　　）五分四点上课。

2. 다음 단어들을 의미에 맞게 올바른 어순으로 배열하세요.

❶ 六月 / 星期五 / 二十五号 / 明天

_____

❷ 十点 / 现在 / 四十五分

_____

❸ 书 / 本 / 这 / 一百五(一百五十块)

_____

❹ 岁 / 他 / 三十 / 今年

_____

1. 다음 문장에서 틀린 부분을 고쳐 써 보세요.

❶ 明天不星期一。

_____

❷ 我不中国人。

_____

❸ 现在二点半。

_____

❹ 这词典是190块钱。

_____

2. 다음 문장을 중국어로 작문해 보세요.

❶ 오늘을 3월11일 월요일입니다.

_____

❷ 지금은 2시 30분입니다.

_____

❸ 이 사전은 190위안입니다.

_____

❹ 저는 중국인입니다.

_____

❺ 저는 상하이사람입니다.

_____

▶ 정답은 77쪽에서 확인하세요.

2 상황묘사·감정표현

1 **재료 점검:** 발음과 의미에 맞는 단어를 써 넣으세요.

상황묘사 및 감정표현의 재료: 형용사									
dà	xiǎo	duō	shǎo	gāo	dī	hǎo	huài	piàoliang	lèi
크다	작다	많다	적다	높다	낮다	좋다	나쁘다	예쁘다	피곤하다

인칭대명사, 지시(대명)사									
wǒ	wǒmen	nǐ(nín)	nǐmen	tā	tāmen	tā	tāmen	zhè	nà
나, 저	우리들	너(당신)	너희들, 당신들	그	그들	그녀	그녀들	이것	저것

상황묘사 및 감정의 정도표현: 정도부사 '매우, 아주'					
hěn	tài	fēicháng	tǐng	shífēn	zhēn

2 **레시피 따라 차근차근:** 아래 제시된 의미에 맞게 써 보세요.

1. 다음을 중국어로 옮기세요.

❶ 높다 _____　　❷ 낮다 _____

❸ 좋다 _____　　❹ 예쁘다 _____

❺ 바쁘다 _____　　❻ 피곤하다 _____

❼ 비싸다 _____　　❽ 싸다 _____

❾ 많다 _____　　❿ 적다 _____

2. 제시된 문장을 조건에 맞게 바꿔 쓰세요.

她很漂亮。	
부정문	
일반의문문	
정반의문문	

中国非常大。	
부정문	
일반의문문	
정반의문문	

3 **Try Again:** 다음 문제들을 꼼꼼하게 풀어 보세요.

1. 제시된 단어의 뜻에 맞게 다음 괄호에 적절한 어휘를 써 넣으세요.

❶ 他个子很（ 크다 ）。 ➡ （   ）

❷ 今天天气非常（ 춥다 ）。 ➡ （   ）

❸ 最近我很（ 바쁘다 ）。 ➡ （   ）

❹ 我太（ 피곤하다 ）了。 ➡ （   ）

❺ 这个葡萄酒很（ 비싸다 ）。 ➡ （   ）

2. 다음 단어들을 의미에 맞게 올바른 어순으로 배열하세요.

❶ 手机 / 这 / 很 / 台 / 贵

_____

❷ 他 / 不 / 哥哥 / 高

_____

❸ 最近 / 忙 / 我 / 不

_____

❹ 不累 / 今天 / 你 / 累

_____

4 **응용 및 활용:** 배운 내용을 활용하여 실력을 쌓으세요.

1. 다음 문장에서 틀린 부분을 고쳐 써 보세요.

❶ 这个东西贵?

_____

❷ 您们都忙吗?

_____

❸ 他忙很。

_____

❹ 你很累吗?

_____

2. 다음 문장을 중국어로 작문해 보세요.

❶ 그녀는 바쁩니다.

_____

❷ 그는 키가 매우 큽니다.

_____

❸ 오늘 날씨가 아주 덥습니다.

_____

❹ 저 옷은 매우 저렴합니다.

_____

▶ 정답은 77쪽에서 확인하세요.

3 진술·심리표현

1 **재료 점검:** 발음과 의미에 맞는 단어를 써 넣으세요.

동작동사							
shuō 말하다	kàn 보다	qù 가다	lái 오다	dú 읽다	xuéxí 공부하다	hē 마시다	mǎi 사다

심리동사						
xiǎng 그리워하다	xǐhuan 좋아하다	ài 사랑하다	xiànmù 부러워하다	pà 두렵다	tǎoyàn 미워하다	hèn 증오하다

2 **레시피 따라 차근차근:** 아래 제시된 의미에 맞게 써 보세요.

1. 다음 동사를 쓰고 부정형을 만들어 보세요.

❶ 가다 ＿＿＿＿＿＿＿＿＿　　❷ 가지 않다 ＿＿＿＿＿＿＿＿＿

❸ 좋아하다 ＿＿＿＿＿＿＿＿＿　　❹ 좋아하지 않다 ＿＿＿＿＿＿＿＿＿

❺ (글씨를) 쓰다 ＿＿＿＿＿＿＿＿＿　　❻ 쓰지 않다 ＿＿＿＿＿＿＿＿＿

❼ 보다 ＿＿＿＿＿＿＿＿＿　　❽ 보지 않다 ＿＿＿＿＿＿＿＿＿

2. 제시된 문장을 조건에 맞게 바꿔 쓰세요.

我去中国。	
부정문	
일반의문문	
정반의문문	

我很喜欢中国菜。	
부정문	
일반의문문	
정반의문문	

3 **Try Again:** 다음 문제들을 꼼꼼하게 풀어 보세요.

1. 다음 괄호에 적절한 동사를 써 넣으세요.

❶ 我（　　　）水。

❷ 他（　　　）课文。

❸ 她（　　　　）汉语。

❹ 他（　　　　）游泳。

2. 다음 단어들을 의미에 맞게 올바른 어순으로 배열하세요.

❶ 电影 / 我 / 看 / 喜欢

_____

❷ 他 / 了 / 去 / 医院

_____

❸ 我们 / 汉语 / 学习

_____

❹ 明天 / 我 / 打算 / 去

_____

1. 다음 문장에서 틀린 부분을 고쳐 써 보세요.

❶ 我很去中国。

_____

❷ 你去不去学校吗?

_____

❸ 你想他不。

_____

❹ 他非常看她。

_____

2. 다음 문장을 중국어로 작문해 보세요.

❶ 나는 중국에 간다.

_____

❷ 저는 중국차를 매우 좋아합니다.

_____

❸ 우리는 중국어를 배웁니다.

_____

❹ 저는 중국으로 여행을 갑니다.

_____

▶ 정답은 78쪽에서 확인하세요.

4 판단·소유표현

1 **재료 점검:** 발음과 의미에 맞는 단어를 써 넣으세요.

관계동사 및 용언성 목적어 갖는 동사

관계동사

shì	yǒu	jiào	xìng	xiàng	chéngwéi	děngyú	shǔyú	dàngzuò
～이다	～가 있다	～라 부르다	성이 ～이다	마치 ～처럼 생기다	～이 되다	～와 같다	～에 속하다	～이 되다

용언성 목적어 갖는 동사

juéde	xīwàng	dǎsuàn	xiāngxin	juédìng	xǐhuan	rènwéi	yǐwéi
～라고 여기다	희망하다	계획하다	믿다	결정하다	좋아하다	여기다	여기다

2 **레시피 따라 차근차근:** 아래 제시된 의미에 맞게 써 보세요.

1. 다음 밑줄 친 부분을 중국어로 올바르게 써 보세요.

❶ 나는 **중국인이에요.** ➡ (　　　　　　　　)

❷ 나는 **책을 두 권 가지고 있어요.** ➡ (　　　　　　　　)

❸ 저는 **여동생이 두 명 있어요.** ➡ (　　　　　　　　)

2. 제시된 문장을 조건에 맞게 바꿔 쓰세요.

她是中国人。	
부정문	
일반의문문	

정반의문문	

	这是他的笔记本电脑。
부정문	
일반의문문	
정반의문문	

3 **Try Again:** 다음 문제들을 꼼꼼하게 풀어 보세요.

1. 다음 괄호에 적절한 어휘를 써 넣으세요.

❶ 我 ( ) 两个弟弟。

❷ 他 ( ) 李源浚。

❸ 她家 ( ) 爸爸, 妈妈和一个哥哥。

❹ 他 ( ) 学生。

2. 다음 단어들을 의미에 맞게 올바른 어순으로 배열하세요.

❶ 他 / 姐姐 / 有 / 个 / 两

_____

❷ 我 / 决定 / 汉语 / 学习

_____

❸ 是 / 这 / 同学 / 的 / 我

_____

❹ 你 / 没有 / 有 / 妹妹

_____

4 **응용 및 활용:** 배운 내용을 활용하여 실력을 쌓으세요.

1. 다음 문장에서 틀린 부분을 고쳐 써 보세요.

❶ 我明天打算去。

_____

❷ 他不有哥哥。

_____

❸ 我打算你去找。

_____

❹ 他是两个哥哥。

_____

2. 다음 문장을 중국어로 작문해 보세요.

❶ 저는 한국인입니다.

_____

❷ 그것은 사과입니다.

_____

❸ 저는 스마트폰을 가지고 있습니다.　　　　　　　★ 智能手机 스마트폰

_____

❹ 저는 형이 한 명 있습니다.

_____

▶ 정답은 78쪽에서 확인하세요.

5 존재표현

1 **재료 점검:** 발음과 의미에 맞는 단어를 써 넣으세요.

존재동사(단순 존재표현)		
zài	yǒu	shì
~에 있다		

2 **레시피 따라 차근차근:** 아래 제시된 의미에 맞게 써 보세요.

1. 다음 밑줄 친 부분을 중국어로 올바르게 써 보세요.

❶ 나는 강의실에 **있다**. ➡ (   )

❷ 도서관에 열람실이 **있다**. ➡ (   )

❸ 옷장에 옷이 **있다**. ➡ (   )

2. 제시된 문장을 조건에 맞게 바꿔 쓰세요.

我的汉语书在椅子上。	
부정문	
일반의문문	
정반의문문	

教室里有很多学生。	
부정문	
일반의문문	
정반의문문	

1. 다음 괄호에 적절한 존재동사를 써 넣으세요.

❶ 我的手机（　　　）桌子上。

❷ 桌子上（　　　）两张照片。

❸ 桌子上（　　　）面包。

❹ 你的太阳眼镜（　　　）我的皮包里。

❺ 房间里（　　　）我的孩子们。

❻ 冰箱里（　　　）两杯咖啡。

2. 다음 단어들을 의미에 맞게 올바른 어순으로 배열하세요.

❶ 楼 / 办公室 / 上 / 有

_____

❷ 笔记本电脑 / 上 / 床 / 在 / 他的

_____

❸ 教室里 / 十多 / 人 / 有 / 个

_____

❹ 在 / 爸爸 / 公司 / 现在

_____

1. 다음 문장에서 틀린 부분을 고쳐 써 보세요.

❶ 教室里在我的同学。

_____

❷ 桌子有一本书。

_____

❸ 衣柜是我的房间。

_____

❹ 我的钱包在我的书包。

_____

2. 다음 문장을 중국어로 작문해 보세요.

❶ 책상 위에 있는 것은 커피입니다.

_____

❷ 책상에 마스크 세 개가 있습니다.　　　　　　　　　★ 口罩 마스크

_____

❸ 나의 중국어 책이 의자에 있습니다.

_____

❹ 저는 사무실에 있습니다.

_____

▶ 정답은 79쪽에서 확인하세요.

1 수여표현

1 **재료 점검:** 발음과 의미에 맞는 단어를 써 넣으세요.

이중목적어 동사							
gěi	jiāo	wèn	gàosu	huán	jiè	zhǎo	sòng
주다	가르쳐 주다	묻다	알려주다	돌려주다	빌려주다	거슬러주다	보내다

2 **레시피 따라 차근차근:** 아래 제시된 의미에 맞게 써 보세요.

1. 아래 제시된 동사들과 연결될 수 있는 주어와 목적어를 자유롭게 써 보세요.

❶ [ ] — 给 — [ ] — [ ]

❷ [ ] — 教 — [ ] — [ ]

❸ [ ] — 问 — [ ] — [ ]

❹ [ ] — 告诉 — [ ] — [ ]

❺ [ ] — 还 — [ ] — [ ]

❻ [ ] — 借 — [ ] — [ ]

❼ [ ] — 找 — [ ] — [ ]

❽ [ ] — 送 — [ ] — [ ]

2. 제시된 문장을 조건에 맞게 바꿔 쓰세요.

他借我两本小说。	
부정문	
일반의문문	
의문대명사 의문문	

我告诉同事今天没上班。	
부정문	
일반의문문	
의문대명사 의문문	

3 **Try Again:** 다음 문제들을 꼼꼼하게 풀어 보세요.

1. 다음 괄호에 적절한 어휘를 써 넣으세요.

❶ 王老师 （　　　　） 我们汉语。

❷ 他 （　　　　） 她一束花儿。

❸ 我 （　　　　） 老师几个问题。

❹ 她 （　　　　） 他50块钱。

❺ 我 （　　　　） 朋友昨天我借的那本书。

❻ 他 （　　　　） 我他的秘密。

2. 다음 단어들을 의미에 맞게 올바른 어순으로 배열하세요.

❶ 礼物 / 他 / 我 / 一件 / 给

_____

❷ 昨天 / 他 / 给了 / 一本 / 汉韩词典 / 我

_____

❸ 告诉 / 我的同学 / 我 / 没有 / 课 / 明天

_____

❹ 我 / 去 / 她 / 机场 / 送

_____

Ч **응용 및 활용:** 배운 내용을 활용하여 실력을 쌓으세요.

1. 다음 문장에서 틀린 부분을 고쳐 써 보세요.

❶ 我给一本书他。

_____

❷ 他还笔记本给我。

_____

❸ 她问老师想那个问题。

_____

❹ 他教英语谁?

_____

2. 다음 문장을 중국어로 작문해 보세요.

❶ 그녀는 나에게 커피 한 잔을 주었다.

_____

❷ 당신께 10위안을 거슬러 줄게요.

_____

❸ 왕 선생님께서 우리에게 수학을 가르쳐 주세요.

_____

❹ 그가 선생님에게 시험 일정을 물었습니다.

_____

▶ 정답은 79쪽에서 확인하세요.

2 연속동작표현

1 **재료 점검:** 발음과 의미에 맞는 단어를 써 넣으세요.

<table>
<tr><th colspan="5">연속동작 사용 동사</th></tr>
<tr><td></td><td></td><td></td><td></td><td></td></tr>
<tr><td>yòng
～를 이용하(고)다</td><td>zuò
～타(고)다</td><td>yǒu
～가지(고)다</td><td>qù
가다</td><td>mǎi
사다</td></tr>
</table>

2 **레시피 따라 차근차근:** 아래 제시된 의미에 맞게 써 보세요.

1. 연속동작으로 사용할 수 있는 동사를 두 개씩 묶어 짝을 지어 주세요.(중복 사용 가능)

用	看	坐	说	来	去	吃	有	买	喝
坐	去								

2. 제시된 문장을 조건에 맞게 바꿔 쓰세요.

<table>
<tr><th colspan="2">他去超市买水果。</th></tr>
<tr><td>부정문</td><td></td></tr>
<tr><td>일반의문문</td><td></td></tr>
<tr><td>의문대명사 의문문</td><td></td></tr>
</table>

<table>
<tr><th colspan="2">我坐飞机去上海。</th></tr>
<tr><td>부정문</td><td></td></tr>
<tr><td>일반의문문</td><td></td></tr>
<tr><td>의문대명사 의문문</td><td></td></tr>
</table>

1. 다음 괄호에 적절한 어휘를 써 넣으세요.

❶ 我 （　　　　） 毛笔写汉字。

❷ 他 （　　　　） 钱买笔记本电脑。

❸ 她 （　　　　） 火车去首尔。

❹ 他 （　　　　） 图书馆借书。

❺ 我 （　　　　） 补习班学习汉语。

❻ 他 （　　　　） 食谱做菜。

★ **食谱** 요리책

2. 다음 단어들을 의미에 맞게 올바른 어순으로 배열하세요.

❶ 北京 ／ 我 ／ 学习 ／ 汉语 ／ 来

_____

❷ 用 ／ 中国人 ／ 筷子 ／ 饭 ／ 吃

_____

❸ 我 ／ 图书馆 ／ 书 ／ 去 ／ 借

_____

❹ 去 ／ 我们 ／ 电影院 ／ 电影 ／ 看

_____

1. 다음의 문장을 각각 연결하여 연동문을 만들어 보세요.

❶ 我坐地铁。 / 我回家。

_____

❷ 他常常去图书馆。 / 他准备考试。

_____

❸ 她周末去百货店。 / 她买衣服。

_____

❹ 他去网吧。 / 他玩儿电脑游戏。

_____

2. 다음 문장을 중국어로 작문해 보세요.

❶ 나는 베이징으로 와서 중국어 공부를 한다.

_____

❷ 저는 버스를 타고 출근해요.

_____

❸ 그녀는 코트를 사서 입습니다.

_____

❹ 그는 중국어 공부를 할 시간이 있습니다.

_____

▶ 정답은 80쪽에서 확인하세요.

Part 2 *Brunch*

3 사역표현

1 재료 점검: 발음과 의미에 맞는 단어를 써 넣으세요.

겸어동사(사역표현 동사)				
qǐng	jiào	ràng	shǐ	pài
~를 청하다	~로 하여금 하게 하다			~를 파견하게 하다

2 레시피 따라 차근차근: 아래 제시된 의미에 맞게 써 보세요.

1. 아래 제시된 동사들과 연결하여 의미에 적절하게 문장을 써 보세요.

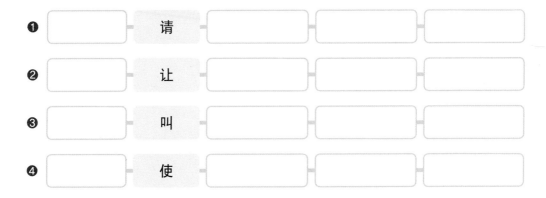

❶ ☐ — 请 — ☐ — ☐ — ☐

❷ ☐ — 让 — ☐ — ☐ — ☐

❸ ☐ — 叫 — ☐ — ☐ — ☐

❹ ☐ — 使 — ☐ — ☐ — ☐

2. 제시된 문장을 조건에 맞게 바꿔 쓰세요.

王老师让我们学习汉语。	
부정문	
일반의문문	
의문대명사 의문문	

妈妈让我买水果。	
부정문	
일반의문문	
의문대명사 의문문	

B **Try Again:** 다음 문제들을 꼼꼼하게 풀어 보세요.

1. 다음 괄호에 적절한 어휘를 써 넣으세요.

❶ 他（　　　）我去买东西。

❷ 公司（　　　）我去中国。

❸ 她不（　　　）她男朋友抽烟。

❹ 他（　　　）让儿子游泳。

2. 다음 단어들을 의미에 맞게 올바른 어순으로 배열하세요.

❶ 中国 / 公司 / 我 / 去 / 派 / 工作

❷ 爸爸 / 妈妈 / 抽烟 / 不 / 让

❸ 想 / 我 / 请 / 吃 / 饭 / 他

❹ 他 / 明天 / 让 / 来 / 我

1. 다음 문장에서 틀린 부분을 고쳐 써 보세요.

❶ 她让不我去学校。

_____

❷ 你叫不叫他去玩儿游戏吗?

_____

❸ 他叫我请吃饭。

_____

❹ 他让我想看电影。

_____

2. 다음 문장을 중국어로 작문해 보세요.

❶ 그가 나를 식사에 초대했습니다.

_____

❷ 그가 나더러 다음 주에 오라고 했습니다.

_____

❸ 언니가 제게 설거지를 시켰습니다.　　　　　　★ 洗碗 설거지하다

_____

❹ 선생님께서 저더러 책을 읽으라고 하셨습니다.

_____

▶ 정답은 80쪽에서 확인하세요.

4 존재·출현·소실표현

1 **재료 점검:** 발음과 의미에 맞는 단어를 써 넣으세요.

(사람/사물) 존재동사 ②

tăng	guà	wéi	zhàn	fàng	dūn	tiē	kào
눕다	걸다	에워싸다	서다	놓다	꿇어앉다	붙이다	기대다

(사람/사건) 출현·소실 동사

bān	diào	luò	păo	chūxiàn	fāshēng	shēng	sĭ
옮기다	떨어뜨리다	떨어지다	뛰다	나타나다	발생하다	태어나다	죽다

2 **레시피 따라 차근차근:** 아래 제시된 의미에 맞게 써 보세요.

1. 다음 밑줄 친 부분을 중국어로 올바르게 써 보세요.

❶ 책가방에 **책과 공책이 들어있다**.　　➡ (　　　　　　　　)

❷ 회의실에 **사장님이 나타났다**.　　➡ (　　　　　　　　)

❸ 교실에 **책상이 하나 줄었다**.　　➡ (　　　　　　　　)

2. 제시된 문장을 조건에 맞게 바꿔 쓰세요.

墙上挂着一张画儿。	
부정문	
일반의문문	
의문대명사 의문문	

屋子里搬走了两把椅子。	
부정문	
일반의문문	
의문대명사 의문문	

3 **Try Again:** 다음 문제들을 꼼꼼하게 풀어 보세요.

1. 다음 괄호에 적절한 어휘를 써 넣으세요.

❶ 邮局（　　　）百货店旁边。

❷ 图书馆东边（　　　）教学楼。

❸ 墙上挂（　　　）一张照片。

❹ 桌子（　　　）有英语词典。

2. 다음 단어들을 의미에 맞게 올바른 어순으로 배열하세요.

❶ 教学楼 ／ 挂 ／ 着 ／ 门前 ／ 通知 ／ 一个

_____

❷ 来了 ／ 上个星期 ／ 一个 ／ 新同事

_____

❸ 飘着 ／ 河里 ／ 小船 ／ 一只

_____

❹ 一把 ／ 房间里 ／ 椅子 ／ 少了

_____

응용 및 활용: 배운 내용을 활용하여 실력을 쌓으세요.

1. 다음 문장을 중국어로 작문해 보세요.

❶ 벽에 세계지도 한 장이 걸려있습니다.

_____

❷ 책상 위에 책 한 권이 놓여있습니다.

_____

❸ 제 기숙사에 새로 온 친구 한 명이 왔습니다.

_____

❹ 우리 건물에서 세 집이 이사 갔습니다.

_____

2. 아래 그림을 보고 제시된 어휘를 사용하여 문장을 완성해 보세요.

❶ 　　　제시어　放

　　　▷ _____

❷ 　　　제시어　飞

　　　▷ _____

❸ 　　　제시어　走过去

　　　▷ _____

▷ 정답은 81쪽에서 확인하세요.

① 시간표현

1 **재료 점검:** 발음과 의미에 맞는 단어를 써 넣으세요.

시간표현의 재료(명사, 부사, 전치사)

시간명사				
míngnián	sān yuè shíyī hào(rì)	jīntiān	xīngqīyī	shí diǎn
내년	3월 11일	오늘	월요일	10시

시간부사						
gāng	xiān	hái	jiù	cái	mǎshàng	yǐjing
방금	우선, 먼저	아직	바로, 이미	비로서, 이제서야	바로	이미

시간 전치사		
zài	lí	cóng
~(어느 시점)에	~(언제)까지	~(언제)부터

2 **레시피 따라 차근차근:** 아래 제시된 의미에 맞게 써 보세요.

1. 다음을 중국어로 옮기세요.

❶ 아침 9시　_____　　❷ 오늘 저녁 8시　_____

❸ 내일 점심　_____　　❹ 20살 때부터　_____

❺ 올해부터　_____　　❻ 5시까지　_____

2. 제시된 문장을 조건에 맞게 바꿔 쓰세요.

他晚上十二点睡觉。	
부정문	
일반의문문	
의문대명사 의문문	

火车马上就要开了。	
부정문	
일반의문문	
의문대명사 의문문	

3 **Try Again:** 다음 문제들을 꼼꼼하게 풀어 보세요.

1. 다음 괄호에 적절한 시간 전치사를 써 넣으세요.

❶ 他一定要（　　　）晚上十点之前回家。

❷ 我（　　　）十二点到六点睡觉。

❸ （　　　）放假还有半个月。

❹ 他（　　　）这个学期开始参加学校的活动。

❺ 这个孩子（　　　）她的生日还有一个月。

❻ 总经理（　　　）7点半有会议。

2. 다음 단어들을 의미에 맞게 올바른 어순으로 배열하세요.

❶ 12点 / 现在 / 已经 / 了

_____

❷ 走 / 请 / 先 / 您

_____

❸ 在 / 她 / 还 / 电视 / 看

_____

❹ 了 / 他 / 已经 / 下班

_____

4 **응용 및 활용:** 배운 내용을 활용하여 실력을 쌓으세요.

1. 다음 문장을 중국어로 작문해 보세요.

❶ 그는 8시에 일어납니다.

_____

❷ 저는 오늘 6시에 벌써 일어났어요.

_____

❸ 그는 11살 때부터 축구를 하기 시작했다.

_____

❹ 그녀는 이미 퇴근했습니다.

_____

2. 아래 그림을 보고 제시된 어휘를 사용하여 문장을 완성해 보세요.

❶

| 제시어 | 食堂, 吃午饭 |

▷ _____

❷

| 제시어 | 才, 起床 |

▷ _____

❸

| 제시어 | 就, 出门 |

▷ _____

❹

| 제시어 | 先, 然后/再 |

▷ _____

▶ 정답은 어뎁에서 확인하세요.

Part 3 *Main dish*

2 대상·범위표현

1 **재료 점검:** 발음과 의미에 맞는 단어를 써 넣으세요.

대상표현의 재료(전치사)			
대상표현 전치사			
gēn	hé	gěi	duì
~와 (~하다)		~에게 (~하다)	~에게 (~하다)

2 **레시피 따라 차근차근:** 아래 제시된 의미에 맞게 써 보세요.

1. 다음 밑줄 친 부분을 중국어로 올바르게 써 보세요.

❶ 그는 나**에게** 선물을 해 주었다 ➡ ( )

❷ 나는 친구**와** 함께 중국으로 여행 갔다. ➡ ( )

❸ 왕 선생님은 나**에게** 잘해 주신다. ➡ ( )

❹ 우리는 위 교수님**에게** 중국어를 배운다. ➡ ( )

2. 제시된 문장을 조건에 맞게 바꿔 쓰세요.

我和我的朋友一起去旅游了。	
부정문	
일반의문문	
정반의문문	

	她对养狗感兴趣。
부정문	
일반의문문	
정반의문문	

★ 养狗 개를 기르다

1. 다음 괄호에 적절한 어휘를 써 넣으세요.

❶ 他常常（   ）她买礼物。

❷ 妈妈累的时候，我常常（   ）她按摩。

★ 按摩 마사지하다

❸ 我 （   ） K-POP 感兴趣。

❹ 我常常（   ）他一起散步。

2. 다음 단어들을 의미에 맞게 올바른 어순으로 배열하세요.

❶ 身体 / 好 / 对 / 多喝水

_____

❷ 打 / 你 / 谁 / 电话 / 和

_____

❸ 拿 / 服务员 / 客人 / 杯子 / 给

_____

❹ 有 / 这本书 / 韩国历史 / 跟 / 关系

_____

1. 다음 문장에서 틀린 부분을 고쳐 써 보세요.

❶ 我跟他一件礼物。

_____

❷ 他对我一起去医院。

_____

❸ 他跟我没去看电影。

_____

❹ 他和我们没参加 HSK 考试。

_____

2. 다음 문장을 중국어로 작문해 보세요.

❶ 나는 그와 함께 물건을 사러 가요.

_____

❷ 나는 선생님께 전화를 걸었습니다.

_____

❸ 독서는 우리 인생에 꼭 필요한 것이다.　　　　　★ 必不可少 꼭 필요하다

_____

❹ 나는 중국 경제에 흥미가 있다.

_____

▶ 정답은 82쪽에서 확인하세요.

3 공간·방향·거리표현

1 **재료 점검:** 발음과 의미에 맞는 단어를 써 넣으세요.

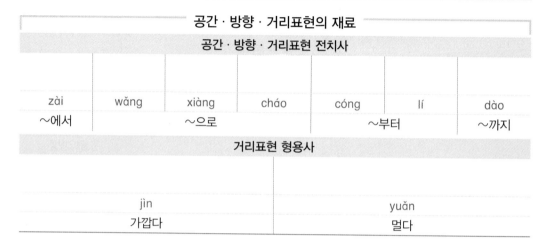

공간 · 방향 · 거리표현의 재료						
공간 · 방향 · 거리표현 전치사						
zài	wǎng	xiàng	cháo	cóng	lí	dào
~에서	~으로			~부터		~까지
거리표현 형용사						
jìn				yuǎn		
가깝다				멀다		

2 **레시피 따라 차근차근:** 아래 제시된 의미에 맞게 써 보세요.

1. 다음 밑줄 친 부분에 알맞은 전치사를 중국어로 써 보세요.

❶ 나는 집**에서** 공부한다.   ➡ (   )

❷ 남쪽**으로** 걸어가면 도착할 수 있습니다.   ➡ (   )

❸ 부산**에서** 베이징**까지** 비행기를 타고 갈 예정입니다.   ➡ (   ) (   )

❹ 우리집은 학교**까지** 멀지 않다.   ➡ (   )

2. 제시된 문장을 조건에 맞게 바꿔 쓰세요.

我在学校等了她一个小时了。	
부정문	
일반의문문	

의문대명사 의문문	

	从学校到我家，坐地铁要一个半小时。
부정문	
일반의문문	
의문대명사 의문문	

3 **Try Again:** 다음 문제들을 꼼꼼하게 풀어 보세요.

1. 다음 괄호에 적절한 어휘를 써 넣으세요.

❶ 我（　　　）首尔出发。

❷ 他（　　　）图书馆学习。

❸ 我家（　　　）这儿很近。

❹ 他（　　　）釜山（　　　）上海坐飞机要一个半小时。

2. 다음 단어들을 의미에 맞게 올바른 어순으로 배열하세요.

❶ 他 / 机场 / 工作 / 在

_____

❷ 走 / 您 / 往右 / 就 / 到 / 了 / 银行

_____

❸ 不太 / 那家 / 离 / 这儿 / 远 / 饭店

_____

❹ 一个小时 / 从学校 / 坐车 / 要 / 到 / 机场

_____

4 응용 및 활용: 배운 내용을 활용하여 실력을 쌓으세요.

1. 다음 문장을 중국어로 작문해 보세요.

❶ 그녀는 그 병원에서 근무합니다.

_____

❷ 그는 막 중국에서 돌아왔습니다.

_____

❸ 저희 집은 여기에서 매우 멉니다.

_____

❹ 학교까지는 3km 남았습니다.

_____

2. 아래 그림을 보고 제시된 어휘를 사용하여 문장을 완성해 보세요.

❶
　　　제시어　离, 远

▶ _____

❷
　　　제시어　从, 回国

▶ _____

❸
　　　제시어　往, 拐

▶ _____

▶ 정답은 82쪽에서 확인하세요.

4 완료·지속·경험표현

1 **재료 점검:** 발음과 의미에 맞는 단어를 써 넣으세요.

<table>
<tr><th colspan="6">완료 · 지속 · 경험표현의 재료(동태조사)</th></tr>
<tr><th colspan="2">완료</th><th colspan="2">경험</th><th colspan="2">지속</th></tr>
<tr><td>le</td><td>~했다</td><td>guo</td><td>~한 적이 있다</td><td>zhe</td><td>~하고 있다</td></tr>
</table>

2 **레시피 따라 차근차근:** 아래 제시된 의미에 맞게 써 보세요.

1. 다음 문장의 빈칸에 동태조사 '了', '着', '过'를 각각 넣어 보세요.

❶ 她现在穿（　　　）很漂亮的连衣裙。

❷ 昨天我们一起看（　　　）这部电影。

❸ 我去（　　　）美国的纽约。　　　　　　　　　　★ 纽约 뉴욕

2. 제시된 문장을 조건에 맞게 바꿔 쓰세요.

<table>
<tr><td colspan="2">我吃了晚饭。</td></tr>
<tr><td>부정문</td><td></td></tr>
<tr><td>일반의문문</td><td></td></tr>
<tr><td>정반의문문</td><td></td></tr>
</table>

<table>
<tr><td colspan="2">我学过太极拳。</td></tr>
<tr><td>부정문</td><td></td></tr>
<tr><td>일반의문문</td><td></td></tr>
<tr><td>정반의문문</td><td></td></tr>
</table>

他在沙发上躺着。	
부정문	
일반의문문	
정반의문문	

Try Again: 다음 문제들을 꼼꼼하게 풀어 보세요.

1. 다음 괄호에 '了', '着', '过' 중 적절한 동태조사를 써 넣으세요.

❶ 我吃（　　　）老北京家常菜。 ★ 家常菜 일상 가정 요리

❷ 他站（　　　）讲课。

❸ 她去上海留（　　　）学。

❹ 他听（　　　）音乐看书。

2. 다음 단어들을 의미에 맞게 올바른 어순으로 배열하세요.

❶ 门 / 开 / 着

_____

❷ 了 / 看 / 那 / 电影 / 部 / 他

_____

❸ 老师 / 上课 / 站着 / 听课 / 我们 / 坐着

_____

❹ 去 / 美国 / 过 / 我 / 去年

_____

1. 다음 문장에서 틀린 부분을 고쳐 써 보세요.

❶ 我去着中国。

_____

❷ 你去不去学校了吗?

_____

❸ 他没买汉语词典了。

_____

❹ 他过看没看过那部电影?

_____

2. 다음 문장을 중국어로 작문해 보세요.

❶ 나는 책 두 권을 샀습니다.

_____

❷ 밖에 눈이 내리고 있습니다.

_____

❸ 나는 일본에 가 본 적이 있습니다.

_____

❹ 저는 주말에는 침대에 누워서 쉽니다.

_____

▶ 정답은 83쪽에서 확인하세요.

5 진행·미래표현

1 재료 점검: 발음과 의미에 맞는 단어를 써 넣으세요.

진행, 미래표현의 재료(부사, 어기조사, 조동사)			
진행표현(부사, 어기조사)			
zhèng	zài	zhèngzài	ne
마침 ~하는 중이다			
가까운 미래표현(부사, 조동사 + 어기조사)			
yào…le	jiùyào…le	kuàiyào…le	kuài…le
곧~ 하려고 한다			

미래표현(조동사)				
xiǎng	yào	néng	huì	kěyǐ
~하고 싶다	~하려고 하다, ~할 것이다	~할 수 있다	~할 줄 알다	~할 수 있다, ~해도 좋다

2 레시피 따라 차근차근: 아래 제시된 의미에 맞게 써 보세요.

1. 다음 빈칸에 진행, 미래, 가까운 미래의 표현을 넣어 보세요.

❶ 他们明天（　　　）出国（　　　）。

❷ 我（　　　）出去玩儿。

❸ 今天上午我去她的家，她（　　　）做运动呢。

❹ 昨天我下班的时候，他（　　　）加班（　　　）。

❺ 我朋友这个星期天（　　　）搬家了。

2. 제시된 문장을 조건에 맞게 바꿔 쓰세요.

她在写作业呢。	
부정문	
일반의문문	
정반의문문	

我想去中国。	
부정문	
일반의문문	
정반의문문	

3 **Try Again:** 다음 문제들을 꼼꼼하게 풀어 보세요.

1. 다음 괄호에 적절한 어휘를 써 넣으세요.

❶ 我（　　　）说汉语。　나는 중국어를 (배워서) 말할 수 있어요.

❷ 他（　　　）买笔记本电脑。　그는 노트북을 사려고 해요.

❸ 这儿（　　　）照相。　여기에서는 사진을 찍어도 돼요.

❹ 他（　　　）游泳。　그는 수영을 (배워서) 할 수 있어요.

❺ 我（　　　）在补习班学习汉语。　나는 학원에서 중국어를 배우고 싶어요.

❻ 他已经喝醉了，不（　　　）开车。　그는 이미 술에 취해서 운전을 할 수 없어요.

2. 다음 단어들을 의미에 맞게 올바른 어순으로 배열하세요.

❶ 电影 / 开始 / 了 / 就要

_____

❷ 房间 / 打扫 / 我 / 正在 / 呢

_____

❸ 起飞 / 飞机 / 了 / 快要

_____

❹ 话 / 正在 / 我们 / 谈 / 着 / 呢

_____

4 **응용 및 활용:** 배운 내용을 활용하여 실력을 쌓으세요.

1. 다음 문장에서 틀린 부분을 고쳐 써 보세요.

❶ 墙上正(在)挂着一幅画儿。

_____

❷ 我正(在)喜欢她呢。

_____

❸ 我们明天快要回国了。

_____

❹ 他正打过篮球呢。

_____

2. 다음 문장을 중국어로 작문해 보세요.

❶ 그는 수영을 하고 있다.

_____

❷ 나는 영화를 보고 있는 중이다.

_____

❸ 그는 곧 귀국하려고 한다.

_____

❹ 나는 미국으로 유학을 가려고 한다.

_____

▶ 정답은 83쪽에서 확인하세요.

1 이동방향표현

1 **재료 점검:** 발음과 의미에 맞는 단어를 써 넣으세요.

방향표현 재료(동사)			
단순방향 동사			
동사 + ⬜ lái	～오다	동사 + ⬜ qù	～가다

	복합방향동사									
	上	下	进	出	回	过	起	+	来
	上	下	进	出	回	过	×	+	去
동사 +	上来 上去								
	올라오다 올라가다	내려오다 내려가다	들어오다 들어가다	나오다 나가다	돌아오다 돌아가다	지나오다 지나가다	일어나다		

2 **레시피 따라 차근차근:** 아래 제시된 의미에 맞게 써 보세요.

1. 다음 밑줄 친 부분을 중국어로 올바르게 써 보세요.

❶ 그는 2층으로 **뛰어 올라갔습니다.** ➡ 跑 (   )

❷ 저는 **걸어 올라가겠습니다.** ➡ 走 (   )

❸ 저는 오늘 늦게 **일어났습니다.** ➡ 起 (   )

❹ 안으로 **들어오십시오!** ➡ 进 (   )

❺ 우리 **돌아가자.** ➡ 回 (   )

❻ 아이가 **뛰어 들어왔어요.** ➡ 跑 (   )

2. 제시된 문장을 조건에 맞게 바꿔 쓰세요.

他们回办公室去。	
부정문	
일반의문문	
정반의문문	

我爸爸昨天买回来一些冰淇淋。	
부정문	
일반의문문	
정반의문문	

3 **Try Again:** 다음 문제들을 꼼꼼하게 풀어 보세요.

1. 다음 괄호에 적절한 어휘를 써 넣으세요.

❶ 哥哥（　　　）家（　　　）了。　형이 돌아왔어요.

❷ 她（　　　）带来数码相机。　그녀는 디지털카메라를 가져오지 않았어.

❸ 他爬上山顶（　　　）。　그는 꼭대기까지 올라갔어요.

❹ 他拿（　　　）咖啡杯了。　그가 커피잔을 들었어요.

❺ 他们家明天搬（　　　）。　그 사람 네는 내일 이사 나가요.

❻ 妈妈刚买（　　　）水果了。　엄마가 막 과일을 사 가지고 오셨어요.

2. 다음 단어들을 의미에 맞게 올바른 어순으로 배열하세요.

❶ 来 / 了 / 他 / 走

_____

❷ 搬 / 进 / 我 / 去

_____

❸ 宿舍 / 我们 / 去 / 回 / 吧

_____

❹ 买 / 我 / 昨天 / 来 / 一台电脑 / 回

_____

4 **응용 및 활용:** 배운 내용을 활용하여 실력을 쌓으세요.

1. 다음 문장에서 틀린 부분을 고쳐 써 보세요.

❶ 他站起去了。

_____

❷ 她回去美国了。

_____

❸ 我走教学楼上来了。

_____

❹ 请进来教室。

_____

2. 다음 문장을 중국어로 작문해 보세요.

❶ 그녀가 뛰어왔습니다.

_____

❷ 제가 내일 사전을 가지고 오겠습니다.

_____

❸ 아버지가 과일을 사오셨습니다.

_____

❹ 그가 위층으로 뛰어 올라갔습니다.

_____

3. 아래 그림을 보고 제시된 어휘를 사용하여 문장을 완성해 보세요.

❶

제시어 椅子, 搬

▶ _____

❷

제시어 站, 发表

▶ _____

❸

제시어 楼下, 从, 跑

▶ _____

▶ 정답은 84쪽에서 확인하세요.

2 결과표현

1 **재료 점검:** 발음과 의미에 맞는 단어를 써 넣으세요.

결과표현의 재료(동사, 형용사)

결과보어(동사)

wán	jiàn	dào	zháo	zhù	gěi	huì	dǒng	chéng
~다하다 [완료]	~보다 [감각]	~했다 [완료]			~주다	~할 줄 알다 [깨우침]	이해하다	이루다

결과보어(형용사)

duì	cuò	hǎo	guàn	qīngchu	gānjìng
맞게 ~	틀리게 ~	잘 ~	~하는 데 적응되다	분명히 ~하다	깨끗하게 ~

2 **레시피 따라 차근차근:** 아래 제시된 의미에 맞게 써 보세요.

1. 다음 밑줄 친 부분을 중국어로 올바르게 써 보세요.

❶ 이 문장을 꼭 **기억하세요**. ➡ 记 (   )

❷ 중국신문을 **(보고) 이해할 수 있어요**. ➡ 看 (   )

❸ 그 분 **말씀이 맞습니다**. ➡ 说 (   )

❹ 그녀가 이 옷을 **깨끗하게 씻었습니다**. ➡ 洗 (   )

2. 제시된 문장을 조건에 맞게 바꿔 쓰세요.

他打开了那个窗户。	
부정문	

일반의문문	
정반의문문	
他做好他的作业了。	
부정문	
일반의문문	
정반의문문	

3 **Try Again:** 다음 문제들을 꼼꼼하게 풀어 보세요.

1. 다음 괄호에 적절한 어휘를 써 넣으세요.

❶ 你买（　　　）了这款新上市的手机吗?

❷ 我听（　　　）他说的话了。

❸ 您先睁（　　　）眼睛吧。　　　　　　　　　★ 睁 눈을 뜨다

❹ 这件事情对我们来说是非常重要的。您记（　　　）了吗?

2. 다음 단어들을 의미에 맞게 올바른 어순으로 배열하세요.

❶ 那些资料 / 你 / 了 / 找 / 吗 / 着

_____

❷ 生词 / 我 / 记 / 那个 / 了 / 已经 / 住

_____

❸ 清楚 / 老师 / 了 / 讲

_____

❹ 吃 / 我 / 香菜 / 了 / 惯

_____

1. 다음 문장을 해석하고 차이점을 기술해 보세요.

❶ 我听了他的声音。

해석 ▶ _____

❷ 我听见了他的声音。

해석 ▶ _____

❸ 我听到了他的声音。

해석 ▶ _____

차이점 ▶ _____

_____

_____

2. 다음 문장을 중국어로 작문해 보세요.

❶ 저는 제 시계를 찾았습니다.

_____

❷ 저는 기말고사가 아직 끝나지 않았습니다.

_____

❸ 너는 그 영화 표를 구했니?

_____

❹ 그 아이는 김치를 먹을 수 있니?

_____

▶ 정답은 84쪽에서 확인하세요.

3　가능표현

1 **재료 점검:** 발음과 의미에 맞는 단어를 써 넣으세요.

가능표현의 재료(결과보어, 방향보어)			
가능표현 (가능보어)	동사 +	de / bu	+ 결과보어
		de / bu	+ 방향보어

2 **레시피 따라 차근차근:** 아래 제시된 의미에 맞게 써 보세요.

1. 다음 밑줄 친 부분을 중국어로 올바르게 써 보세요.

❶ 저는 중국어를 **알아들을 수 없어요**.　　　➡ 听 (　　　)

❷ 오늘 **돌아올 수 있습니다**.　　　➡ 回 (　　　)

❸ 지금 영화 보러 가기엔 **시간에 댈 수 없어요**.　　　➡ 来 (　　　)

❹ 이 음식을 **다 먹을 수 있어요**.　　　➡ 吃 (　　　)

2. 제시된 문장을 조건에 맞게 바꿔 쓰세요.

我买得到那张火车票。	
부정문	
일반의문문	
정반의문문	

	他听得懂这句话。
부정문	
일반의문문	
정반의문문	

3 **Try Again:** 다음 문제들을 꼼꼼하게 풀어 보세요.

1. 다음 문장을 해석하고 차이점을 기술해 보세요.

❶ 我不能说出来。 / 我说不出来。

해석 ▶ _____

❷ 他考得好。 / 他考得很好。

해석 ▶ _____

차이점 ▶ ❶ _____

❷ _____

2. 다음 단어들을 의미에 맞게 올바른 어순으로 배열하세요.

❶ 听 / 我 / 中文 / 不 / 懂

_____

❷ 张 / 我 / 不 / 到 / 买 / 那 / 电影票

_____

❸ 奶奶 / 不 / 记 / 我的 / 名字 / 清楚

_____

❹ 你 / 动 / 得 / 一个人 / 搬 / 动 / 不 / 搬

1. 다음 문장을 해석해 보세요.

❶ 这么多的菜我吃不了了。

_____

❷ 那么贵的戒指，我买不起。

_____

❸ 这件衣服正合适，我穿得上。

_____

❹ 那个教室坐得下一百个人。

_____

❺ 我忍不住哭了起来。

_____

2. 다음 문장을 중국어로 작문해 보세요.

❶ 나는 그 일을 잊을 수가 없어요.

_____

❷ 그는 아직 인민일보를 읽고 이해할 수 없어요.　　　　　★ 人民日报 인민일보

_____

❸ 너무 피곤해서 나는 이미 걸을 수가 없어요.

_____

❹ 그는 지금 뛰어내려 올 수 있어요.

_____

▶ 정답은 85쪽에서 확인하세요.

4 정도·상태표현

1 **재료 점검:** 발음과 의미에 맞는 단어를 써 넣으세요.

<table>
<tr><td colspan="7" align="center">정도 · 상태표현 재료</td></tr>
<tr><td colspan="7" align="center">정도표현(정도보어)</td></tr>
<tr><td rowspan="2">형용사 +
'매우 ~하다'</td><td>duō</td><td>jí</td><td>sǐ</td><td>huài</td><td>tòu</td><td>huāng</td></tr>
<tr><td>심리동사 +
'매우 ~하다</td><td>de duō</td><td>de hěn</td><td>de huāng</td><td>de bùdéliǎo</td><td>de yàomìng</td><td>de yàosǐ</td></tr>
<tr><td colspan="7" align="center">상태표현(상태보어)</td></tr>
<tr><td align="center">동사 +</td><td colspan="3" align="center">구조조사   de</td><td colspan="3" align="center">+ 구/문장</td></tr>
</table>

2 **레시피 따라 차근차근:** 아래 제시된 의미에 맞게 써 보세요.

1. 다음 밑줄 친 부분을 중국어로 올바르게 써 보세요.

❶ 오늘 기분이 **너무 좋아요**.   ➡ 好 (   )

❷ 그는 **몹시 피곤해 한다**.   ➡ 累 (   )

❸ 그는 어제 영화를 **재미있게 봤다**.   ➡ 看得 (   )

❹ 그녀는 중국어를 **아주 잘 한다**.   ➡ 说得 (   )

2. 제시된 문장을 조건에 맞게 바꿔 쓰세요.

<table>
<tr><td colspan="2" align="center">我吃得很慢。</td></tr>
<tr><td>부정문</td><td></td></tr>
<tr><td>일반의문문</td><td></td></tr>
</table>

정반의문문	

他走得很快。	
부정문	
일반의문문	
정반의문문	

3 **Try Again:** 다음 문제들을 꼼꼼하게 풀어 보세요.

1. 다음 괄호에 적절한 어휘를 써 넣으세요.

❶ 我说汉语说（   ）很好。 나는 중국어를 매우 잘 말한다.

❷ 她的身体好（   ）了。 그녀는 매우 건강하다.

❸ 我搞（   ）了。 내가 잘못 했어요.

❹ 他跑（   ）很快。 그는 매우 빨리 뛴다.

2. 다음 단어들을 의미에 맞게 올바른 어순으로 배열하세요.

❶ 热 / 上海的 / 死 / 夏天 / 了

_____

❷ 忙 / 我 / 几天 / 这 / 得要命

_____

❸ 很 / 他 / 考 / 得 / 期末考试 / 好

_____

❹ 得 / 我 / 那部电影 / 昨天晚上 / 看 / 很有意思

_____

응용 및 활용: 배운 내용을 활용하여 실력을 쌓으세요.

1. 다음 문장을 해석하고 차이점을 기술해 보세요.

❶ 她很漂亮。 / 她漂亮得很。

해석 ▶ _____

❷ 你快说! / 你说得很快。

해석 ▶ _____

❸ 我考得好。 / 我考得很好。

해석 ▶ _____

차이점 ▶ ❶ _____

❷ _____

❸ _____

2. 다음 문장을 중국어로 작문해 보세요.

❶ 러시아의 겨울은 정말 추워요.

★ **俄罗斯** 러시아

_____

❷ 시장의 과일은 정말 싸요.

_____

❸ 그녀는 춤 추는 것을 좋아해서 춤을 정말 잘 춰요.

_____

❹ 그는 한자를 아주 빨리 써요.

_____

▶ 정답은 86쪽에서 확인하세요.

5 동작횟수표현, 동작지속·경과표현

1 **재료 점검:** 발음과 의미에 맞는 단어를 써 넣으세요.

동작횟수표현(동량사), 동작지속표현(시량사)의 재료

동작횟수표현(동량사)

cì	huí	biàn	tàng	chǎng	dùn
~번[횟수]		~번[과정]	~번[왕복]	~번[공연]	~끼[식사] ~번[꾸지람,욕]

동작지속표현(시량사)

… nián	… ge yuè	… tiān	… ge xīngqī	… (ge) xiǎoshí	… ge zhōngtóu
~년	~개월	~일	~주	~시간	

2 **레시피 따라 차근차근:** 아래 제시된 의미에 맞게 써 보세요.

1. 다음 밑줄 친 부분을 알맞은 중국어로 옮겨 보세요.

❶ 그는 중국에 **두 번** 다녀왔습니다.　　　➡　(　　　)

❷ 그녀는 다이어트 하느라 하루에 **두 끼** 먹습니다.　➡　(　　　)

❸ 저는 중국어를 **3년째** 배웠습니다.　　　➡　(　　　)

❹ 저는 하루에 **5시간씩** 공부합니다.　　　➡　(　　　)

❺ **한 차례** 큰 비가 내렸어요.　　　➡　(　　　)

2. 제시된 문장을 조건에 맞게 바꿔 쓰세요.

我读了两遍这本小说。	
부정문	
일반의문문	
의문대명사의문문	

他等了你两个小时。	
부정문	
일반의문문	
의문대명사의문문	

3 **Try Again:** 다음 문제들을 꼼꼼하게 풀어 보세요.

1. 다음 문장을 해석하고 차이점을 기술해 보세요.

❶ 我学两年的汉语了。 ／ 我学了两年的汉语了。

　　해석 ▶ _____

❷ 我休息两天了。 ／ 我2号休息了。

　　해석 ▶ _____

　　차이점 ▶ ❶ _____

　　　　　　❷ _____

2. 다음 단어들을 의미에 맞게 올바른 어순으로 배열하세요.

❶ 釜山 / 他 / 来 / 了 / 一年半

_____

❷ 他 / 我 / 过 / 见 / 两次

_____

❸ 她 / 等 / 三个小时 / 我 / 了

_____

❹ 过 / 去 / 我 / 上海 / 三趟

_____

4 **응용 및 활용:** 배운 내용을 활용하여 실력을 쌓으세요.

1. 다음 문장에서 틀린 부분을 고쳐 써 보세요.

❶ 我见过两次他。

_____

❷ 她来过三回这儿。

_____

❸ 他毕业大学三年了。

_____

❹ 我读了课文两遍。

_____

2. 다음 문장을 중국어로 작문해 보세요.

❶ 그녀는 그 소설을 세 차례 읽었어요.

_____

❷ 나는 그를 두 번 찾았으나 찾지 못했다.

_____

❸ 그는 새벽에 집에 가서 바로 반나절 동안 잤다.

_____

❹ 그는 퇴사한 지 1년이 되었다.

_____

▶ 정답은 86쪽에서 확인하세요.

1 비교표현

1 **재료 점검:** 발음과 의미에 맞는 단어를 써 넣으세요.

―――― 비교표현의 재료 ① ――――

차등비교표현['比'자문]					
A (대상)	▢ bǐ ～보다	B (비교대상)	▢, ▢ gèng, hái	형용사 술어	▢, ▢, ▢ yìdiǎnr, deduō, duōle
			▢, ▢, ▢, ▢ zǎo, wǎn, duō, shǎo	동사 술어	수량구
			×		상태보어

―――― 비교표현의 재료 ② ――――

동등비교표현[…跟 / 和…一样 (+ 형용사)]				
A (대상)	▢, ▢ gēn　hé	B (비교대상)	▢ (bù) yíyàng	
			▢ (bù) yíyàng	형용사

―――― 비교표현의 재료 ③ ――――

근사치표현[(没)有…这么 / 那么 + 형용사]			
A (대상)	▢ (méi)yǒu	B (비교대상)	▢, ▢ zhème, nàme	형용사

1. 다음 밑줄 친 부분을 알맞은 중국어로 옮겨 보세요.

❶ 형은 저**보다** 두 살 많습니다.　　　　➡　(　　　)

❷ 그녀는 저**만큼** 중국어를 잘 하지 못합니다.　➡　(　　　)

❸ 저는 아버지**와 똑같이** 키가 큽니다.　　➡　(　　　) (　　　　)

❹ 그는 저**보다 더** 빨리 달립니다.　　　➡　(　　　) (　　　　)

2. 제시된 문장을 조건에 맞게 바꿔 쓰세요.

她比我漂亮一些。	
부정문	
일반의문문	
정반의문문	

我的电脑跟你的一样好。	
부정문	
일반의문문	
정반의문문	

1. 다음 문장을 해석하고 차이점을 기술해 보세요.

❶ 他比我高。 / 他有他的哥哥那么高。

해석 ▶ _____

❷ 他不比我高。 / 他没有他的哥哥那么高。

해석 ▶ _____

차이점 ▶ ❶ _____

❷ _____

2. 다음 단어들을 의미에 맞게 올바른 어순으로 배열하세요.

❶ 比 / 他 / 更 / 个子 / 你 / 高

_____

❷ 我 / 他 / 还 / 比 / 说 / 说得 / 汉语 / 好

_____

❸ 你的 / 他 / 不 / 跟 / 想法 / 一样 / 的

_____

❹ 姐姐 / 她 / 那么 / 有 / 漂亮

_____

응용 및 활용: 배운 내용을 활용하여 실력을 쌓으세요.

1. 다음 문장에서 틀린 부분을 고쳐 써 보세요.

❶ 这个东西没有那个那么少。

_____

❷ 他比我很高。

_____

❸ 我比他快很。

_____

❹ 我的房间不比你小。

_____

2. 다음 문장을 중국어로 작문해 보세요.

❶ 그녀는 키가 그녀의 언니보다 조금 더 크다.

_____

❷ 그는 나보다 나이가 두 살 많다.

_____

❸ 그는 선생님처럼 키가 큽니다.

_____

❹ 나는 그만큼 그렇게 크지 못하다.

_____

▶ 정답은 87쪽에서 확인하세요.

Part 5　*Fusion dish*

2 능동표현

1 **재료 점검:** 발음과 의미에 맞는 단어를 써 넣으세요.

<table>
<tr><th colspan="6">능동표현['把'자문]의 재료</th></tr>
<tr>
<td>이동 의미</td>
<td rowspan="2">주어</td>
<td rowspan="2">把
bǎ</td>
<td rowspan="2">+ 대상</td>
<td rowspan="2">동사</td>
<td>□ , □ , …
zài, dào, gěi</td>
</tr>
<tr>
<td>변화 의미</td>
<td>□ , □ , …
gānjìng, wán, chéng</td>
</tr>
<tr>
<td colspan="5"></td>
<td>了 / 동사중첩 /
결과 · 방향 · 상태보어 / 着</td>
</tr>
</table>

2 **레시피 따라 차근차근:** 아래 제시된 의미에 맞게 써 보세요.

1. 다음 밑줄 친 부분을 중국어로 올바르게 써 보세요.

① 이 문장을 중국어로 **번역하세요**.　　　⇒　翻译（　　　　）

② 저는 지갑을 **잃어버렸어요**.　　　　　⇒　丢（　　　　）

③ 책을 **가지고 오십시오**.　　　　　　　⇒　拿（　　　　）

④ 저는 옷을 **깨끗하게 씻었습니다**.　　　⇒　洗（　　　　）

2. 제시된 문장을 조건에 맞게 바꿔 쓰세요.

<table>
<tr><th colspan="2">她先把外套脱了。</th></tr>
<tr><td>부정문</td><td></td></tr>
<tr><td>일반의문문</td><td></td></tr>
<tr><td>정반의문문</td><td></td></tr>
</table>

他把衣服洗得很干净。	
부정문	
일반의문문	
정반의문문	

3 **Try Again:** 다음 문제들을 꼼꼼하게 풀어 보세요.

1. 다음 괄호에 적절한 어휘를 써 넣으세요.

❶ 她（　　　）书带（　　　）。 그녀가 책을 가져왔어요.

❷ 王老师（　　　）那件事（　　　）我们了。 왕 선생님이 그 일을 우리에게 이야기해 주셨어요.

❸ 他（　　　）这件事给忘（　　　）。 그는 이 일을 완전히 잊었어요.

❹ 我（　　　）这个问题解决（　　　）。 내가 이 문제를 해결했어요.

2. 다음 단어들을 의미에 맞게 올바른 어순으로 배열하세요.

❶ 钱包 / 我 / 了 / 把 / 丢 / 昨天

_____

❷ 老师 / 事 / 你 / 这件 / 把 / 告诉 / 吧

_____

❸ 衣服 / 他 / 把 / 得 / 洗 / 很干净

_____

❹ 你们 / 关 / 把 / 手机 / 先 / 上

_____

1. 다음 문장에서 틀린 부분을 고쳐 써 보세요.

❶ 他把那个电影的内容记不住。

_____

❷ 我把汉语学过。

_____

❸ 我把一本书还给他了。

_____

❹ 我把那封信看过。

_____

❺ 我把那本小说看得完。

_____

2. 다음 문장을 중국어로 작문해 보세요.

❶ 그는 그 책을 책상 위에 두었어요.

_____

❷ 여러분 책을 들고 나와 주세요.

_____

❸ 나는 방을 깨끗이 청소했어요.

_____

❹ 이 글을 중국어로 번역해 주세요.

_____

▶ 정답은 88쪽에서 확인하세요.

3 피동표현

1 재료 점검: 발음과 의미에 맞는 단어를 써 넣으세요.

피동표현의 재료('被'·'叫'·'让'피동문, 의미상피동문)				
'被'·'叫'·'让' 피동문	행위 대상자	bèi	+ (행위자)	동사구
		， jiào, ràng	+ 행위자	동사구
의미상피동문	행위 대상자	동사구		

2 레시피 따라 차근차근: 아래 제시된 의미에 맞게 써 보세요.

1. 다음 밑줄 친 부분을 중국어로 올바르게 써 보세요.

❶ 제 사전을 그가 **빌려갔어요.**　　　　➡ 借（　　　　）

❷ 이 휴대폰은 그가 **떨어뜨렸어요.**　　➡ 扔（　　　　）

❸ 작문 숙제는 **다 썼습니다.**　　　　　➡ 写（　　　　）

❹ 제 책은 그가 가져**갔습니다.**　　　　➡ 拿（　　　　）

2. 제시된 문장을 조건에 맞게 바꿔 쓰세요.

那把椅子被爸爸拿走了。	
부정문	
일반의문문	
정반의문문	

	桌子擦得很干净。
부정문	
일반의문문	
정반의문문	

3 **Try Again:** 다음 문제들을 꼼꼼하게 풀어 보세요.

1. 다음 괄호에 적절한 어휘를 써 넣으세요.

❶ 我的钱包（　　　）他丢了。

❷ 那件衣服（　　　）买走了。

❸ 咖啡（　　　）我喝了。

❹ 我的弟弟（　　　）我哥哥带走了。

2. 다음 단어들을 의미에 맞게 올바른 어순으로 배열하세요.

❶ 我的 / 偷 / 钱 / 被 / 小偷 / 走 / 了

_____

❷ 弄 / 我的 / 被 / 弟弟 / 手机 / 坏 / 了

_____

❸ 那 / 写 / 封 / 已经 / 信 / 好 / 了

_____

❹ 拿 / 那 / 书 / 让 / 本 / 人 / 走 / 了

_____

1. 다음 문장에서 틀린 부분을 고쳐 써 보세요.

❶ 那本书让拿走了。

_____

❷ 这窗户被风吹得。

_____

❸ 门被撞得开。

_____

❹ 我的手机叫弄坏了。

_____

2. 다음 문장을 중국어로 작문해 보세요.

❶ 내 지갑을 도둑맞았어요.

_____

❷ 그 자전거는 다른 사람이 가져갔어요.

_____

❸ 숙제를 어제 다 했어요.

_____

❹ 이 문제는 이미 상의한 적이 있어요.

_____

▶ 정답은 88쪽에서 확인하세요.

Part 1

1 月－号(日)－星期(周)－点(时)－分－刻－
差
元－块－毛－角－分－几－多少

2 1. ❶ 3月11日(号) ❷ 两点半(两点三十分)

    ❸ 一百九十元(块) ❹ 星期一(周一)

    ❺ 今天 ❻ 明天

    ❼ 这本词典 ❽ 韩国人

  2. ❶ 부정문: 明天不是星期一。

      일반의문문: 明天(是)星期一吗?

      정반의문문: 明天是不是星期一?

    ❷ 부정문: 他今年不是二十岁。

      일반의문문: 他今年(是)二十岁吗?

      정반의문문: 他今年是不是二十岁?

3 1. ❶ 星期(周) ❷ 本 ❸ 点 ❹ 差

  2. ❶ 明天六月二十五号星期五。

    ❷ 现在十点四十五分。

    ❸ 这本书一百五(一百五十块)。

    ❹ 他今年三十岁。 / 今年他三十岁。

4 1. ❶ 明天不是星期一。

    ❷ 我不是中国人。

    ❸ 现在两点半。

    ❹ 这词典(是)190块钱。

  2. ❶ 今天是三月十一号(日)星期一(周一)。

    ❷ 现在两点半(三十分)。

    ❸ 这本词典一百九十块(钱)。 /
      这本词典一百九十元(钱)。

    ❹ 我(是)中国人。

    ❺ 我(是)上海人。

1 大－小－多－少－高－低－好－坏－漂亮
－累
我－我们－你(您)－你们－他－他们－她－
她们－这－那
很－太－非常－挺－十分－真

2 1. ❶ 高 ❷ 低 ❸ 好 ❹ 漂亮

    ❺ 忙 ❻ 累 ❼ 贵 ❽ 便宜

    ❾ 多 ❿ 少

  2. ❶ 부정문: 她不漂亮。

      일반의문문: 她漂亮吗?

      정반의문문: 她漂(亮)不漂亮?

    ❷ 부정문: 中国不大。

      일반의문문: 中国大吗?

      정반의문문: 中国大不大?

3 1. ❶ 高 ❷ 冷 ❸ 忙 ❹ 累 ❺ 贵

  2. ❶ 这台手机很贵。

    ❷ 他哥哥不高。

    ❸ 我最近不忙。 / 最近我不忙。

    ❹ 你今天累不累? / 今天你累不累?

4 1. ❶ 这个东西不贵吗?

    ❷ 你们都忙吗?

    ❸ 他很忙。

    ❹ 你累吗?

  2. ❶ 她很忙。

    ❷ 他个子很高。

    ❸ 今天天气很热。

    ❹ 那件衣服很便宜。

1 说一看一去一来一读一学习一喝一买
想一喜欢一爱一羡慕一怕一讨厌一恨

2 1. ❶ 去　　❷ 不去

　　❸ 喜欢　❹ 不喜欢

　　❺ 写　　❻ 不写

　　❼ 看　　❽ 不看

2. ❶ 부정문: 我不去中国。

　　일반의문문: 你去中国吗?

　　정반의문문: 你去不去中国?

　❷ 부정문: 我不喜欢中国菜。

　　일반의문문: 你喜欢中国菜吗?

　　정반의문문: 你喜(欢)不喜欢中国菜?

3 1. ❶ 喝　　❷ 读 / 学习

　　❸ 学习　❹ 喜欢 / 爱

2. ❶ 我喜欢看电影。

　❷ 他去医院了。

　❸ 我们学习汉语。

　❹ 我打算明天去。

4 1. ❶ 我去中国。

　❷ 你去学校吗? ／ 你不去学校吗? ／
　　你去不去学校?

　❸ 你不想他。

　❹ 他看她。

2. ❶ 我去中国。

　❷ 我很(非常)喜欢中国茶。

　❸ 我们学习汉语。

　❹ 我去中国旅游。

1 是一有一叫一姓一像一成为一等于一
属于一当作
觉得一希望一打算一相信一决定一喜欢一
认为一以为

2 1. ❶ 是中国人

　　❷ 有两本书

　　❸ 有两个·妹妹

2. ❶ 부정문: 她不是中国人。

　　일반의문문: 她是中国人吗?

　　정반의문문: 她是不是中国人?

　❷ 부정문: 这不是他的笔记本电脑。

　　일반의문문: 这是他的笔记本电脑吗?

　　정반의문문:

　　这是不是他的笔记本电脑?

3 1. ❶ 有　　❷ 是 / 叫　　❸ 有　　❹ 是

2. ❶ 他有两个姐姐。

　❷ 我决定学习汉语。

　❸ 这是我的同学。

　❹ 你有没有妹妹?

4 1. ❶ 我打算明天去。

　❷ 他没有哥哥。

　❸ 我打算去找你。

　❹ 他有两个哥哥。

2. ❶ 我是韩国人。

　❷ 那(个)是苹果。

　❸ 我有智能手机。

　❹ 我有一个哥哥。

1 在－有－是

2 1. ❶ 在　　❷ 有　　❸ 是

2. ❶ 부정문: 我的汉语书不在椅子上。

일반의문문: 我的汉语书在椅子上吗?

정반의문문:

我的汉语书在不在椅子上?

❷ 부정문: 教室里没有很多学生。

일반의문문: 教室里有很多学生吗?

정반의문문: 教室里有没有很多学生?

3 1. ❶ 在　　❷ 有　　❸ 是

❹ 在　　❺ 是　　❻ 有

2. ❶ 楼上有办公室。

❷ 他的笔记本电脑在床上。

❸ 教室里有十多个人。

❹ 爸爸现在在公司。 /

现在爸爸在公司。

4 1. ❶ 我的同学在教室里。

❷ 桌子上有一本书。

❸ 衣柜在我的房间。

❹ 我的钱包在我的书包里。

2. ❶ 桌子上的是咖啡。

❷ 桌子上有三张口罩。

❸ 我的汉语书在椅子上。

❹ 我在办公室。

Part 2

1 给－教－问－告诉－还－借－找－送

2 1. ❶ 我－他－钱

❷ 老师－我们－汉语

❸ 她－我－一个问题

❹ 我－他－秘密

❺ 他－我－这支笔

❻ 我－你－这本书

❼ 我们－警察－帮忙

❽ 男朋友－她－礼物

2. ❶ 부정문: 他不借我小说。

일반의문문: 他借你两本小说吗?

의문대명사 의문문:

谁借你两本小说? /

他借谁两本小说? /

他借你几本小说?

❷ 부정문: 我不告诉同事今天没上班。

일반의문문:

你告诉同事今天没上班吗?

의문대명사 의문문:

谁告诉同事今天没上班? /

你告诉谁今天没上班? /

你告诉同事什么?

3 1. ❶ 教　　❷ 送 / 给　❸ 问

❹ 借 / 还　❺ 还　　❻ 告诉

2. ❶ 他给我一件礼物。 /

我给他一件礼物。

❷ 昨天他给了我一本汉韩词典。 /

昨天我给了他一本汉韩词典。

❸ 我的同学告诉我明天没有课。/
我告诉我的同学明天没有课。

❹ 我送她去机场。/ 她送我去机场。

4 1. ❶ 我给他一本书。

❷ 他还我笔记本。

❸ 她想问老师那个问题。

❹ 谁教他英语？/ 他教谁英语？

2. ❶ 她给了我一杯咖啡。

❷ 找你十块钱。

❸ 王老师教我们数学。

❹ 他问了老师考试日程。

❷ 中国人用筷子吃饭。

❸ 我去图书馆借书。

❹ 我们去电影院看电影。

4 1. ❶ 我坐地铁回家。

❷ 他常常去图书馆准备考试。

❸ 她周末去百货店买衣服。

❹ 他去网吧玩儿电脑游戏。

2. ❶ 我来北京学习汉语。

❷ 我坐公交车上班。

❸ 她买大衣穿。

❹ 他有时间学习汉语。

---

2 P.24

1 用－坐－有－去－买

2 1. 去－买 / 用－说 / 来－吃 / 坐－来

2. ❶ 부정문: 他不去超市买水果。/
他去超市不买水果。

일반의문문: 他去超市买水果吗？

의문대명사 의문문: 他去超市买什么？/
他去超市做什么？/
他去哪儿买水果？

❷ 부정문: 我不坐飞机去上海。/
我坐飞机不去上海。

일반의문문: 你坐飞机去上海吗？

의문대명사 의문문: 你坐什么去上海？/
你坐飞机去哪儿？

3 1. ❶ 用　❷ 有　❸ 坐　❹ 去
❺ 去　❻ 看

2. ❶ 我来北京学习汉语。

---

3 P.27

1 请－叫－让－使－派

2 1. ❶ 我 / 他 / 吃 / 饭

❷ 妈妈 / 我 / 打扫 / 房间

❸ 老师 / 她 / 去 / 教室

❹ 阴天 / 人 / 感到 / 悲伤

2. ❶ 부정문: 王老师不让我们学习汉语。

일반의문문: 王老师让你们学习汉语吗？

의문대명사 의문문:

谁让你们学习汉语？/

王老师让谁学习汉语？/

王老师让你们做什么？

❷ 부정문: 妈妈不让我买水果。

일반의문문: 妈妈让你买水果吗？

의문대명사 의문문:

谁让你买水果？/ 妈妈让谁买水果？/

妈妈让你做什么？

3 1. ❶ 让 / 叫　❷ 派　❸ 让　❹ 不

2. ❶ 公司派我去中国工作。

　　❷ 妈妈不让爸爸抽烟。

　　❸ 我想请他吃饭。

　　❹ 他让我明天来。

4 **1.** ❶ 她不让我去学校。

　　❷ 你不叫他去玩儿游戏吗？ ／

　　　你叫他去玩游戏吗？ ／

　　　你叫不叫他去玩游戏？

　　❸ 他叫我请他吃饭。 ／ 他请我吃饭。

　　❹ 他想让我看电影。

2. ❶ 他请我吃饭。

　　❷ 他让我下星期来。

　　❸ 姐姐让我洗碗。 ／ 姐姐叫我洗碗。

　　❹ 老师让我读书。 ／ 老师叫我读书。

4　　　　　　　　　　　　　　　**P.30**

1 躺－挂－围－站－放－蹲－贴－靠
　　搬－掉－落－跑－出现－发生－生－死

2 **1.** ❶ 有书和本子

　　❷ 老板出现了

　　❸ 少了一个桌子

2. ❶ 부정문: 墙上没挂着一张画儿。

　　　일반의문문: 墙上挂着一张画儿吗？

　　　의문대명사 의문문:

　　　哪儿挂着一张画儿？ ／

　　　墙上挂着几张画儿？ ／

　　　墙上挂着什么？

　　❷ 부정문: 屋子里没搬走两把椅子。

　　　일반의문문: 屋子里搬走了两把椅子吗？

　　　의문대명사 의문문:

哪儿搬走了两把椅子？ ／

屋子里搬走了几把椅子？ ／

屋子里搬走了什么？

3 **1.** ❶ 在　❷ 是　❸ 着　❹ 上

2. ❶ 教学楼门前挂着一个通知。

　　❷ 上个星期来了一个新同事。

　　❸ 河里漂着一只小船。

　　❹ 房间里少了一把椅子。

4 **1.** ❶ 墙上挂着一张世界地图。

　　❷ 桌子上放着一本书。

　　❸ 我的宿舍新来了一个朋友。

　　❹ 我们楼里搬走了三家。

2. ❶ 桌子上放着花瓶。

　　❷ 树上飞来了一只鸟。

　　❸ 学校正门前走过去一群学生。

Part 3

1　　　　　　　　　　　　　　　**P.33**

1 明年－三月十一号(日)－今天－星期一－
　　十点
　　刚－先－还－就－才－马上－已经
　　在－离－从

2 **1.** ❶ 早上九点　　❷ 今天晚上八点

　　❸ 明天中午　　❹ 从二十岁

　　❺ 从今年　　　❻ 到五点

2. ❶ 부정문: 他晚上十二点不睡觉。

　　　일반의문문: 他晚上十二点睡觉吗？

　　　의문대명사 의문문: 他晚上几点睡觉？ ／

他晚上十二点做什么？

❷ 부정문: 火车没有马上就要开。

일반의문문: 火车马上就要开了吗？

의문대명사 의문문: 火车什么时候开？

3 1. ❶ 在　　❷ 从　　❸ 离　　❹ 从
　　❺ 离　　❻ 在

2. ❶ 现在已经12点了。

❷ 请您先走。/ 您请先走。/
先请您走。

❸ 她还在看电视。

❹ 他已经下班了。

4 1. ❶ 他八点起床。

❷ 我今天六点就起(床)了。

❸ 他(从)11岁开始踢足球。

❹ 她已经下班了。

2. ❶ 他12点在食堂吃午饭。

❷ 他10点有课，10点半(30分)才起
(床)。

❸ 他10点的课，9点就出门了。

❹ 她先做作业，然后(再)看电视。

2　　　　　　　　　　　　　　　　P.37

1 跟－和－给－对

2 1. ❶ 给　　❷ 和　　❸ 对　　❹ 跟

2. ❶ 부정문: 我没和我的朋友一起去旅游。
일반의문문:
你和你的朋友一起去旅游了吗？
정반의문문::
你和你的朋友一起去旅游了没有？

---

❷ 부정문: 她对养狗不感兴趣。

일반의문문: 她对养狗感兴趣吗？

정반의문문: 她对养狗感兴趣了没有？

3 1. ❶ 给　　❷ 给　　❸ 对　　❹ 跟 / 和

2. ❶ 多喝水对身体好。

❷ 你和谁打电话？

❸ 服务员给客人拿杯子。

❹ 这本书跟韩国历史有关系。

4 1. ❶ 我给他一件礼物。

❷ 他和我一起去医院。

❸ 他没跟我去看电影。

❹ 他没和我们参加HSK考试。

2. ❶ 我和他一起去买东西。

❷ 我给老师打电话了。

❸ 读书对我们的人生是必不可少的。

❹ 我对中国经济感兴趣。

3　　　　　　　　　　　　　　　　P.40

1 在－往－向－朝－从－离－到
近－远

2 1. ❶ 在　　　　　❷ 朝 / 往
　　❸ 从…到…　　❹ 离

2. ❶ 부정문: 我在学校没等了她一个小时。
일반의문문:
你在学校等了她一个小时了吗？
의문대명사 의문문:
你在学校等了谁一个小时了？ /
你在学校等了她几个小时了？
❷ 부정문: 从学校到我家，坐地铁不需要
一个半小时。

일반의문문: 从学校到我家，坐地铁要
一个半小时吗?

의문대명사 의문문:
从学校到我家，坐地铁要多长时间?

3 1. ❶ 往 / 向　❷ 在　❸ 离　❹ 从…到…

2. ❶ 他在机场工作。

❷ 您往右走就到银行了。

❸ 那家饭店离这儿不太远。

❹ 从学校到机场坐车要一个小时。 /
从学校坐车到机场要一个小时。

4 1. ❶ 她在那个医院工作(上班)。

❷ 他刚从中国回来。

❸ 我家离这儿很远。

❹ 离学校还有3公里。

2. ❶ 中国西安离韩国首尔(很)远。

❷ 他从中国坐飞机回国。

❸ 请在前面十字路口往右拐。

4　　　　　　　　　　　　　　　**P.43**

1 了－过－着

2 1. ❶ 着　　❷ 了　　❸ 过

2. ❶ 부정문: 我没吃晚饭。
일반의문문: 你吃晚饭了吗?
정반의문문: 你吃晚饭了没有?

❷ 부정문: 我没学过太极拳。
일반의문문: 你学过太极拳吗?
정반의문문: 你学过太极拳没有?

❸ 부정문: 他没在沙发上躺着。
일반의문문: 他在沙发上躺着吗?
정반의문문: 他在沙发上躺着没有?

---

3 1. ❶ 过　　❷ 着　　❸ 过　　❹ 着

2. ❶ 门开着。

❷ 他看了那部电影。

❸ 老师站着上课，我们坐着听课。

❹ 去年我去过美国。

4 1. ❶ 我去了中国。 / 我去过中国。

❷ 你不去学校吗? / 你去学校了吗? /
你去学校吗? / 你去不去学校?

❸ 他没买汉语词典。 /
他没买过汉语词典。

❹ 他看过那部电影没有? /
他没看过那部电影。

2. ❶ 我买了两本书。

❷ 外面下着雪。

❸ 我去过日本。

❹ 我周末在床上躺着休息。 /
我周末躺在床上休息。

5　　　　　　　　　　　　　　　**P.46**

1 正－在－正在－呢
要…了－就要…了－快要…了－快…了
想－要－能－会－可以

2 1. ❶ 就要…了　❷ 要　❸ 正 / 在 / 正在
❹ 正 / 在 / 正在…呢　❺ 就要

2. ❶ 부정문: 她没在写作业呢。
일반의문문: 她在写作业吗?
정반의문문: 她在写作业没有?

❷ 부정문: 我不想去中国。
일반의문문: 我想去中国吗?
정반의문문: 我想不想去中国?

3 1. ❶ 会　　❷ 要　　❸ 可以

　　　❹ 会　　❺ 想　　❻ 能

　2. ❶ 电影就要开始了。

　　　❷ 我正在打扫房间呢。

　　　❸ 飞机快要起飞了。

　　　❹ 我们正在谈着话呢。

4 1. ❶ 墙上挂着一幅画儿。

　　　❷ 我喜欢她。

　　　❸ 我们明天就要回国了。

　　　❹ 他正打篮球呢。

　2. ❶ 他正在游泳呢。

　　　❷ 我正在看电影。

　　　❸ 他就要回国了。　/　他快要回国了。

　　　❹ 我要去美国留学。

Part 4

1　　　　　　　　　　　　　　　　P.50

1 来－去

上来 / 上去－下来 / 下去－进来 / 进去－
出来 / 出去－回来 / 回去－过来 / 过去－
起来

2 1. ❶ 上去　　❷ 上去　　❸ 来

　　　❹ 来　　❺ 去　　❻ 进来

　2. ❶ 부정문: 他们没回办公室去。

　　　일반의문문: 他们回办公室去吗?

　　　정반의문문:

　　　他们回办公室去了没有?

　　　❷ 부정문:

　　　我爸爸昨天没买回来一些冰淇淋。

일반의문문:

我爸爸昨天买回来一些冰淇淋吗?

정반의문문: 我爸爸昨天买回来一些冰

　　　　　　淇淋了没有?

3 1. ❶ 回…来　　❷ 没　　❸ 去

　　　❹ 起　　❺ 出去　　❻ 回来

　2. ❶ 他走来了。

　　　❷ 我搬进去。

　　　❸ 我们回宿舍去吧。

　　　❹ 我昨天买回来一台电脑。　/

　　　　　昨天我买回来一台电脑。

4 1. ❶ 他站起来了。

　　　❷ 她回美国去了。

　　　❸ 我走上教学楼来了。

　　　❹ 请进教室来。

　2. ❶ 她跑过来。

　　　❷ 我明天带词典(过)来。

　　　❸ 爸爸买回来了水果。

　　　❹ 他跑上楼去。

　3. ❶ 妈妈搬来一把椅子。

　　　❷ 他站起来发表。

　　　❸ 他从楼下跑上来。

2　　　　　　　　　　　　　　　　P.54

1 完－见－到－着－住－给－会－懂－成
对－错－好－惯－清楚－干净

2 1. ❶ 住　　❷ 懂　　❸ 对　　❹ 干净

　2. ❶ 부정문: 他没打开那个窗户。

　　　일반의문문: 他打开了那个窗户吗?

정반의문문: 他打开了那个窗户没有?

② 부정문: 他没做好他的作业。

일반의문문: 他做好他的作业了吗?

정반의문문: 他做好他的作业了没有?

3 1. ① 到　② 懂　③ 大　④ 住

2. ① 那些资料你找着了吗?

② 我已经记住了那个生词。 /

那个生词我已经记住了。

③ 老师讲清楚了。

④ 我吃惯香菜了。

4 1. ① 해석: 나는 그의 목소리를 들었다.

② 해석: 나는 그의 목소리를 들었다.

③ 해석: 나는 그의 목소리를 들었다.

차이점: ① 동작완료: 듣는 동작이 완료됨을 의미

② 동작의 감각, 인식: 의식하지 않고 자연

스럽게(감각) 인식함을 의미 ③ 동작의 목

적 달성: 어떤 소리가 나는지 확인하려는

의도를 가지고 목소리를 듣게 됨을 의미

2. ① 我找到了我的手表。

② 我的期末考试还没结束。

③ 你买好了那部电影的票吗? /

那部电影的票你买好了吗?

④ 那个孩子能吃惯泡菜吗?

---

3 **P.57**

1 得 – 不

2 1. ① 不懂　② 得来　③ 不及　④ 得完

2. ① 부정문: 我买不到那张火车票。

일반의문문: 我买得到那张火车票吗?

정반의문문:

我买得到买不到那张火车票?

② 부정문: 他听不懂这句话。

일반의문문: 他听得懂这句话吗?

정반의문문: 他听得懂听不懂这句话?

3 1. ① 해석: 저는 말을 할 수가 없어요. /

저는 말이 나오지 않아요.

② 해석: 그는 시험을 잘 치를 수 있다. /

그는 시험을 아주 잘 쳤다.

차이점: ① 동사술어(说)의 불가능을 나타냄 [조

동사 구문] / 할 말이 있는데 말이 나오지

않음을 의미 [가능보어 부정형] ② 가능

의 의미 [가능보어 긍정형] / 동작의 상태

를 묘사 [상태보어]

2. ① 我听不懂中文。

② 我买不到那张电影票。

③ 奶奶记不清楚我的名字。

④ 你一个人搬得动搬不动?

4 1. ① 이렇게 많은 음식을 나는 다 먹을 수 없어요.

② 그렇게 비싼 반지를 나는 못 사요.

③ 이 옷은 꼭 맞아서 내가 입을 수 있어요.

④ 그 교실은 100명이 앉을 수 있어요.

⑤ 나는 참지 못하고 눈물을 흘렸다.

2. ① 我忘不了那件事情。

② 他还看不懂人民日报。

③ 太累了, 我已经走不动了。

④ 他现在跑得下来。

1 多－极－死－坏－透－慌

得多－得很－得慌－得不得了－得要命－得要死

得

2 1. ❶ 极了   ❷ 死了

    ❸ 很有意思   ❹ 很好 / 好极了

2. ❶ 부정문: 我吃得不慢。

    일반의문문: 我吃得慢吗?

    정반의문문: 我吃得慢不慢?

    ❷ 부정문: 他走得不快。

    일반의문문: 他走得快吗?

    정반의문문: 他走得快不快?

3 1. ❶ 得   ❷ 极   ❸ 坏 / 错   ❹ 得

2. ❶ 上海的夏天热死了。

    ❷ 我这几天忙得要命。

    ❸ 他期末考试考得很好。

    ❹ 我昨天晚上那部电影看得很有意思。

4 1. ❶ 해석: 그녀는 (매우) 아름답다. /

        그녀는 아주 아름답다.

    ❷ 해석: 어서 말해! / 너 아주 빨리 말하네.

    ❸ 해석: 나는 시험을 잘 칠 수 있다. /

        나는 시험을 아주 잘 쳤다.

    차이점: ❶ 정도가 보통 [형용사술어문 – 정도부사] / 정도가 높음 [정도보어] ❷ 부사 '快(어서, 빨리)'가 동사술어 '说'를 수식하여 동작을 재촉하며, 동작(说)이 아직 발생하지 않았음 [동사술어문] / '说'에 대한 상태를 묘사하고 동작이 이미 발생함 [상태보어] ❸ (아직 일어나지 않은 일에 대

한) '考'의 가능을 나타냄 [가능보어] / (이미 일어난) '考'에 대한 상태를 묘사함 [상태보어]

2. ❶ 俄罗斯的冬天冷死了。

    ❷ 市场的水果便宜得很。

    ❸ 她喜欢跳舞，舞跳得很好。

    ❹ 他写汉字写得很快。 /

       他汉字写得很快。

1 次－回－遍－趟－场－顿

年－个月－天－个星期－(个)小时－个钟头

2 1. ❶ 两次 ❷ 两顿 ❸ 三年

    ❹ 五个小时 / 五个钟头   ❺ 一场

2. ❶ 부정문: 我没读两遍这本小说。

    일반의문문: 你读了两遍这本小说吗?

    의문대명사 의문문:

    你读了几遍这本小说?

    ❷ 부정문: 他没等你两个小时。

    일반의문문: 他等了你两个小时吗?

    의문대명사 의문문: 他等了你几个小时?

3 1. ❶ 해석: 나는 2년 동안 중국어를 공부했다. /

        나는 2년째 중국어를 배우고 있다.

    ❷ 해석: 나는 이틀간 쉬었다. /

        나는 2일에 쉬었다.

    차이점: ❶ 과거의 어느 시점부터 2년간 중국어를 공부했음을 의미 [어기조사 '了'] / 지금으로부터 2년 전부터 지금까지 중국어를 공부해 오고 있음을 의미 [동태조사 '了', 어기조사 '了'] ❷ '休息'의 동작이 '两天(이

틀간)'의 시간동안(시량) 지속되었음을 의미 [시량보어] / '2号(2일)'의 시점에 '休息(쉬다)'의 동작이 이루어졌음을 의미 [시간명사]

2. ❶ 他来釜山一年半了。

   ❷ 我(他)见过他(我)两次。

   ❸ 她(我)等我(她)三个小时了。

   ❹ 我去过三趟上海。 /
      我去过上海三趟。

4 1. ❶ 我见过他两次。

   ❷ 她来过这儿三回。

   ❸ 他大学毕业三年了。

   ❹ 我读了两遍课文。

2. ❶ 她读了三遍那本小说。 /
      那本小说她读了三遍。

   ❷ 我找了他两次，可是没找到。

   ❸ 他早晨一回家就睡了半天。

   ❹ 他辞职一年了。

Part 5

1   P.67

1 比－更－还－一点儿－得多－多了－早－晚－多－少
跟－和－(不)一样－(不)一样－(没)有－这么－那么

2 1. ❶ 比   ❷ 有   ❸ 和…一样   ❹ 比…更

2. ❶ 부정문: 她不比我漂亮一些。
      일반의문문: 她比我漂亮一些吗?

정반의문문: 她比我漂亮不漂亮?

   ❷ 부정문: 我的电脑跟你的不一样。
      일반의문문: 我的电脑跟你的一样好吗?
      정반의문문:
      我的电脑跟你的一样不一样?

3 1. ❶ 해석: 그는 나보다 크다. / 그는 그의 형만큼 (그렇게) 크다.

   ❷ 해석: 그는 나보다 크지 않다. / 그는 그의 형만큼 그렇게 크지 못하다.

차이점: ❶ 차등비교 / 근사치비교 ❷ 키가 작거나 같을 수 있음을 나타냄 [차등비교의 부정형] / 키가 작음을 나타냄 [근사치비교의 부정형]

2. ❶ 他个子比你更高。 /
      你个子比他更高。

   ❷ 我比他说汉语说得还好。 /
      他比我说汉语说得还好。

   ❸ 你的想法跟他的不一样。 /
      他的想法跟你的不一样。

   ❹ 她有姐姐那么漂亮。 /
      姐姐有她那么漂亮。

4 1. ❶ 这个东西没有那个那么大。

   ❷ 他比我高。 / 他比我还高。 /
      他比我更高。

   ❸ 我比他快得很。

   ❹ 我的房间不比你的房间小。

2. ❶ 她个子比她姐姐高一点儿。

   ❷ 他比我大两岁。

   ❸ 他和老师一样高。

   ❹ 我没有他那么高。

1 把—在—到—给—干净—完—成

2 1. ❶ 成　❷ 了　❸ 来　❹ 干净

  2. ❶ 부정문: 她先不把外套脱了。

      일반의문문: 她先把外套脱了吗?

      정반의문문: 她先把外套脱了没有?

    ❷ 부정문: 他把衣服洗得很不干净。

      일반의문문: 他把衣服洗得很干净吗?

      정반의문문:

      他把衣服洗得很干净了没有?

3 1. ❶ 把…来了　　❷ 把…告诉

    ❸ 把…掉了　　❹ 把…了

  2. ❶ 我昨天把钱包丢了。/

     昨天我把钱包丢了。

    ❷ 你把这件事告诉老师吧。

    ❸ 他把衣服洗得很干净。

    ❹ 你们先把手机关上。

4 1. ❶ 他记不住那个电影的内容。

    ❷ 我学过汉语。

    ❸ 我把那本书还给他了。

    ❹ 我看过那封信。

    ❺ 我看得完那本小说。

  2. ❶ 他把那本书放在了桌子上。

    ❷ 请大家把书拿出来。

    ❸ 我把房间打扫干净了。

    ❹ 请把这篇文章翻译成汉语(中文)。

1 被—叫—让

2 1. ❶ 走　❷ 掉　❸ 完　❹ 走

  2. ❶ 부정문: 那把椅子没被爸爸拿走。

      일반의문문:

      那把椅子被爸爸拿走了吗?

      정반의문문:

      那把椅子被爸爸拿走了没有?

    ❷ 부정문: 桌子擦得不干净。

      일반의문문: 桌子擦得干净吗?

      정반의문문: 桌子擦得干净不干净?

3 1. ❶ 被 / 让　❷ 被 / 让

    ❸ 被 / 让　❹ 被 / 让

  2. ❶ 我的钱被小偷偷走了。

    ❷ 我的手机被弟弟弄坏了。

    ❸ 那封信已经写好了。

    ❹ 那本书让人拿走了。

4 1. ❶ 那本书让人拿走了。

    ❷ 这窗户被风吹坏了。

    ❸ 门被撞开了。

    ❹ 我的手机被弄坏了。/

     我的手机叫人(给)弄坏了。

  2. ❶ 我的钱包被偷走了。

    ❷ 那台自行车被别人拿走了。

    ❸ 作业昨天做完了。/

     昨天作业做完了。

    ❹ 这个问题已经商量过。

중국어
문 법
완벽 레시피